Basiswissen Pädagogik

Aktuelle Schulkonzepte

Band 2

D1867195

Finanzierung und Öffnung von Schule

Herausgegeben von

Hans Döbert / Christian Ernst

Schneider Verlag Hohengehren GmbH

Umschlaggestaltung:
Regina Herrmann, 73666 Baltmannsweiler

Die Deutsche Bibliothek – CIP-Einheitsaufnahme

Basiswissen Pädagogik : aktuelle Schulkonzepte / hrsg. von Hans Döbert und Christian Ernst. – Baltmannsweiler : Schneider-Verl. Hohengehren
ISBN 3-89676-468-3

Bd. 2. Finanzierung und Öffnung von Schule. – 2001
ISBN 3-89676-463-2

Alle Rechte, insbesondere das Recht der Vervielfältigung sowie der Übersetzung, vorbehalten. Kein Teil des Werkes darf in irgendeiner Form (durch Fotokopie, Mikrofilm oder ein anderes Verfahren) ohne schriftliche Genehmigung des Verlages reproduziert werden.

© Schneider Verlag Hohengehren, 2001.
Printed in Germany. Druck: Frech, Stuttgart

Inhaltsverzeichnis

Band II: Finanzierung und Öffnung von Schule

Einführung: „Aktuelle Schulkonzepte" – Finanzierung und Öffnung von Schule

In Erziehungswissenschaft und Pädagogik liegen zahlreiche Lexika, Wörterbücher, Handbücher oder sonstige Nachschlagewerke zu schulpädagogischen Inhalten vor. Sie unterscheiden sich zwar hinsichtlich Adressaten, Inhalt, pädagogischem Ansatz und Struktur voneinander, doch haben sie alle den vordringlichen Zweck zu informieren, was zu einem bestimmten Stichwort oder Sachverhalt Grundlegendes wie Weiterführendes mit Blick auf die Schule zu sagen ist.

Nun liegen auf Anregung des Schneider-Verlags im Rahmen der Buchreihe „Basiswissen Pädagogik" sechs Bände zu „Aktuellen Schulkonzepten" vor, deren hauptsächlicher Zweck es demgegenüber ist, wesentliche aktuelle Erkenntnisse und Entwicklungen in Erziehungswissenschaft und Pädagogik zur Schule wissenschaftlich fundiert in ihrem pädagogischen Anspruch und in ihrer Bedeutung für die Schulpraxis zu entfalten. Diese aktuelle überblicksartige Einführung in Konzepte, Probleme und Erfahrungen gegenwärtiger Schulentwicklung ist auf die Darbietung und Erhellung in der Öffentlichkeit zunehmend nachgefragter pädagogischer Tatbestände gerichtet.

Viel hat sich gerade im Bereich der Schulentwicklung in den letzten Jahren getan. Nicht nur neue Begriffe wie „Public-Private-Partnership", „Fundraising", „Schulfirmen" oder bekannte Begriffe in neuem Gewand wie „Leitbild", „neue Lehr- und Lernkultur" haben in die Schulentwicklung Eingang gefunden. Mit ihnen sind zugleich neue pädagogische Fragestellungen und Denkweisen entstanden. Ihre Verwendung war und ist – nicht zuletzt auch wegen eines überwiegend auf „Insider" konzentrierten Kontextverständnisses – nicht selten mit Verkürzungen, Vereinfachungen und Missverständnissen verbunden. Unter Praktikern, Lernenden und Studierenden sowie in der pädagogisch interessierten Öffentlichkeit besteht somit ein sichtbares Bedürfnis nach thematisch zwar relativ breit angelegten, dennoch in zusammenhängenden Inhaltskomplexen dargebotenen Informationen über diese neueren Entwicklungen und Konzepte zur Schule. Die vorliegenden Bände wollen daher Überblick, Querschnitt und Vertiefung in leicht zugänglicher, handlicher und verständlicher Form in einem bieten. Es lag dabei sowohl in der Absicht der Herausgeber als auch der einzelnen Autoren, eine Balance zwischen dem grundlegenden, bleibenden Bestand der Pädagogik in Bezug auf die Schule einerseits und neueren erziehungswissenschaftlichen Erkenntnissen und schulpraktischen Entwicklungen andererseits herzustellen.

Eine auch nur einigermaßen umfassende Darstellung aktueller schultheoretischer und schulpraktischer Erkenntnisse und Entwicklungen in ihren vielfältigen und komplexen Aspekten, Bezügen und Handlungsfeldern kann heute kaum, auch nicht in sechs Bänden geleistet werden. Die sechs Bände sind daher vor allem als Versuch gedacht, die ungewöhnlich breiten und vielschichtigen Diskussionen und Entwicklungen im Schulbereich zu strukturieren und zu einem Wissensfundus zusammenzustellen. In manchen Teilbereichen ging es auch darum, ein gewisses „Grundlagenwissen“ erst einmal ansatzweise zu sichern. Die Herausgeber haben sich bemüht, Überschneidungen zwischen den thematischen Teilbereichen in den sechs Bänden zu begrenzen. Da aber jeder Band für sich sowie die sechs Bände insgesamt Einblicke in die differenzierten schulpädagogischen Tätigkeitsgebiete vermitteln, „neue Wege“ von Schulen im nationalen wie im internationalen Rahmen beschreiben sowie explizite Auskunft über entsprechende Forschungen geben sollen, konnten diese Überschneidungen auch im Interesse des Überblicks für die Leser/-innen nicht völlig vermieden werden.

Die große Heterogenität der Gegenstände sowie der Basischarakter der Darstellung ließen es nicht zu, die einzelnen Ansätze und Entwicklungen in ihrer Genese und in ihren jeweiligen historischen Bezügen, in ihren personalen, schulspezifischen, nationalen und internationalen Zusammenhängen zu entfalten. Hierzu muss auf anderweitige ausführlichere Veröffentlichungen verwiesen werden. In der Regel findet sie der Leser bzw. die Leserin in den Literaturverzeichnissen der einzelnen Beiträge. Gleichfalls wird mancher interessierte Nutzer der „Aktuellen Schulkonzepte" grundlegende Informationen etwa zur Struktur des Schulwesens in den deutschen Bundesländern oder in anderen europäischen Staaten, zu den einzelnen Schulformen bzw. -arten sowie zu Standardbegriffen o.Ä. vermissen. Die sechs Bände setzen ein gewisses Maß an Kenntnissen voraus. Um an solchen Informationen interessierten Lesern diese leichter zugänglich zu machen, ist ein Verzeichnis ausgewählter grundlegender Literatur zu Schule und Schulpädagogik aufgenommen worden. Es befindet sich am Ende jedes Bandes. Damit das Überschauen der Zusammmenhänge erleichtert, die innere Verbindung der einzelnen Beiträge sichtbarer und die Nutzbarkeit der Bände erhöht wird, wurde ein Sachwortverzeichnis aufgenommen. Die Sachworte sind allerdings auf grundlegende und praxisorientierte Begriffe beschränkt.

In die Beiträge der einzelnen Autoren sind ungeachtet des Bemühens um Objektivität subjektive Stellungnahmen und Urteile eingegangen. Diese wie auch die inhaltlichen Aussagen in den Beiträgen verantworten die jeweiligen Autoren selbst. Die Herausgeber haben darauf verzichtet, abweichende Darstellungen oder Urteile einander anzugleichen. Ebenso wurde keine sprachliche und stilistische Einheit angestrebt, zumal die Bände auch durch die verschiedenen inhaltlichen und stilistischen „Handschriften" der Beiträge gewinnen dürften.

Es gibt verschiedene Möglichkeiten, sich dem erziehungswissenschaftlichen und pädagogischen Themenfeld Schule zu nähern. Die Herausgeber haben sich bei den in Rede stehenden sechs Bänden der „Aktuellen Schulkonzepte" für einen inhaltlichen Zugang entschieden, der möglichst breit das gegenwärtige Diskussions- und Entwicklungsspektrum in und um Schule umfassen sollte. Die Beiträge in den sechs Bänden wurden daher um die folgenden Themenbereiche versammelt: Neue Schulkultur, Finanzierung und Öffnung von Schule, Schulen in staatlicher und freier Trägerschaft, Schulen mit besonderem pädagogischen Profil, Flexibilisierung von Bildungsgängen sowie Schule und Qualität. Der vorliegende Band „Finanzierung und Öffnung von Schule" beleuchtet die Thematik aus der Perspektive von elf Beiträgen. Das Bemühen der Autoren war es, neben nationalen auch internationale Trends zu berücksichtigen.

Finanzierungsmodelle von Schulen stellt der Beitrag von WEIß in einem allgemeinen Überblick vor. Danach dominieren input-orientierte Budgetierungsverfahren, d. h. die Zuweisung mehr oder weniger umfassender Globalbudgets an die Schulen unter Berücksichtigung schüler- und schulstandortbedingter Besonderheiten. Noch wenig verbreitet sind dagegen output-orientierte Budgetierungsverfahren mit ausgehandelten Budgets auf der Grundlage von Zielvereinbarungen. In dem Trend zu einer eigenverantwortlichen Mittelbewirtschaftung durch die Bildungsinstitutionen manifestiert sich das Bemühen zahlreicher Länder, die Finanzierungssysteme stärker als Steuerungsinstrument zur Erreichung von Effizienzzielen im Schulberreich zu funktionalisieren. Als ein weiterer Trend zeigt sich, dass Schulen in den letzten Jahren eine aktivere Rolle bei der Mittelaufbringung abverlangt wird. Diesem Trend folgt auch der Beitrag von BÖTTCHER. Fundraising, Sponsoring und Public-Private-Partnership sind zentrale Begriffe seiner Ausführungen, Geld bleibt jedoch ein Medium und wird nicht zum Ziel der pädagogischen Arbeit. Ein Vademekum zur Akquierierung von Mitteln steht im Zentrum des Beitrags. Ergänzt wird die Darstellung mit Erläuterungen zum Förderverein. Auch LEXIS fordert mehr Wirtschaft in die Schule. Ihr Beitrag dokumentiert ein innovatives Bildungsprojekt in Nordrhein-Westfalen. Das Projekt „Wirtschaft in die Schule“ intendiert eine Verstärkung ökonomischer Bildung in der Schule mit Hilfe von Stiftungen und dem Ministerium für Schule und Weiterbildung, Wissenschaft und Forschung des Landes Nordrhein-Westfalen. Das Curriculum besteht aus fünf Themenblöcken, den so genannten Grundeinheiten (Privater Haushalt, Betrieb und Unternehmen, Wirtschaftsordnung, Staat und Ausland), die jeweils verpflichtender Lehrstoff in den Projektschulen sind und die mithilfe des übergreifenden Themas „Wirtschaftsordnung“ als Referenzrahmen zusammengeklammert und in einen systematischen Zusammenhang gebracht werden. Auch DUISMANN / MESCHENMOSER fordern mehr ökonomische Bildung für die Schule am Beispiel von Schülerfirmen als ein Modell zur Förderung benachteiligter Jugendlicher. Reale Arbeit in das schulische Lernen zu integrieren wird als Ziel ausgewiesen.

Fazit des Beitrags ist die Feststellung, dass Schülerfirmen Schüler/-innen besser in die Arbeits- und Berufswelt einführen und auf die selbständige Lebensgestaltung einschließlich der Aufnahme eines Ausbildungs- und Beschäftigungsverhältnisses vorbereiten als dies im klassisch gefächerten Unterricht nach bisherigen Erfahrungen geschehen kann. Der Beitrag leitet gleichsam zum zweiten Themenkomplex des Bandes über – zur Öffnung von Schule.

Der Beitrag von RIXIUS dokumentiert die Genese und den Verlauf des „Rahmenkonzepts Gestaltung des Schullebens und Öffnung von Schule (GÖS)“ des Kultusministeriums Nordrhein-Westfalen. Seit Ende der 1980er-Jahre entwickeln Lehrer/-innen vielfältige Ansätze, um Freiräume für eine intensive Gestaltung des Unterrichts und Schullebens zu suchen und zu nutzen. Öffnung von Schule wird als Chance verstanden, schulisches Lernen stärker auf die Lebenswelt der Kinder und Jugendlichen zu beziehen. Hierzu formuliert das Rahmenkonzept vier zentrale Perspektiven: Schule und Gemeinwesen – Lebensweltorientierung, Handlungs- und Erfahrungsorientierung – pädagogische Leitideen, Schule als Lebens- und Erfahrungsraum – Modell-Lernen sowie Schule als lernende Organisation – Schulentwicklung. Als ein Fallbeispiel der nordrhein-westfälischen Initiative wird im Beitrag von GÖTTE die Koordinierungsstelle zur Gestaltung des Schullebens und Öffnung der Schule in der Stadt Solingen dargestellt.

Die erfolgreiche Kooperation von Schule und Kommune wird von CZERWANSKI am Beispiel des Distrikts Durham in der südost-kanadischen Provinz Ontario vorgestellt. Im Rahmen der Gestaltung des Schullebens wurde eine neue Lehr- und Lernkultur in den Schulen initiiert und unterstützt. Der Beitrag zeigt, dass es wesentlich darauf ankommt, Strategien des Wandels, der Veränderung von Lehr- und Lernprozessen über den einzelnen Lehrer und die Einzelschule hinaus, etwa in einer Region, anzustoßen. Aus internationaler Perspektive haben sich dabei zwei Strategien bewährt: eine konsequente Personalentwicklung, einschließlich der Lehrerfortbildung in Teams, und die Einführung des systemischen Denkens und Handelns von der Administration bis zu den Akteuren der einzelnen Unterrichtsstunde.

Der Wunsch nach Veränderung stand auch am Anfang der Initiative zur Gründung einer „anderen Schule" in Soest. ESCHALSEN geht in seinem Beitrag auf die Organisationsphilosophie und das Schulprofil der Städtischen Gesamtschule Soest ein, ohne zu versäumen, die Grenzen der Übertragbarkeit des Modells aufzuzeigen. Die Öffnung von Schule als Kooperation zwischen Schule und Betrieben zeigt der Beitrag von HERRMANN / LILIENTHAL. Für den Schulversuch „anSchuB zum Erfolg" (Schub steht für Schule und Betrieb) wurden Zielsetzungen, Erfahrungen und Anregungen des langjährigen Modells „Stadt-als-Schule-Berlin" aufgenommen. Der Schulversuch soll u. a. die Übergangsphase in die Berufswelt erleichtern und damit die Einstiegschancen Jugendlicher in das Berufsleben verbessern.

Als eine Antwort auf den gesellschaftlichen Wandel ist in den Niederlanden ein neues pädagogisches Konzept entstanden, die brede school. Es beruht auf einem Verständnis von Schule, das sich in besonderer Weise auf die Entwicklungs- und Unterstützungsbedürfnisse der Kinder und Eltern gründet. Zu den Zielen der niederländischen brede school gehören, wie der Beitrag von VAN DE VEN zeigt, die Verbesserung der sozialen Kohäsion im Stadtviertel oder der Gemeinde ebenso wie die Integration der Jugendfürsorge in die Schule. Eine Zusammenschau der Entwicklungsmöglichkeiten im europäischen Schulwesen zeigt MITTER in seinem Beitrag auf. Als Herausforderungen werden Spannungsfelder ausgewiesen: Autonomie versus Steuerung, Markt versus Demokratie, nationale Kohärenz versus kulturelle Pluralität, einzelstaatliche Entscheidungen versus europäische Dimension des Bildungswesens, schließlich Rationalität versus Subjektivität. Die Klärung der Spannungsfelder bestimmen Chancen und Grenzen der Schulentwicklung in Europa.

Wenn die „Aktuellen Schulkonzepte“ und insbesondere der Band „Finanzierung und Öffnung von Schule“ zu einem nützlichen Handbuch für Studium, Schulpraxis und interessierte Öffentlichkeit werden, dann gebührt das Verdienst daran in erster Linie den Autorinnen und Autoren aus Praxis, Verwaltung und Wissenschaft. Ihnen gilt der besondere Dank der Herausgeber.

Ohne die tatkräftige und verlässliche Mitarbeit von Frau Heike Balzer, Berlin, hätte diese Publikation so rasch nicht druckreif vorgelegen. Auch ihr danken wir sehr herzlich.

Berlin, im Mai 2001

Hans Döbert
Christian Ernst

MANFRED WEIß

Finanzierungsmodelle von Schulen

Allgemeiner Überblick

Das Schulwesen bindet einen erheblichen Teil der Ressourcen eines Landes. Fast überall werden sie im Wesentlichen aus öffentlichen Haushalten finanziert. Dies gilt vielfach auch für Länder mit substanziellem privaten Bildungsangebot. Ein hoher Privatschulanteil (wie z.B. in den Niederlanden) muss nicht notwendigerweise mit einem hohen Privatisierungsgrad bei der Finanzierung korrespondieren. Nur in einigen Ländern (z.B. USA) sind Schulen in nichtstaatlicher Trägerschaft vollständig oder zu einem erheblichen Teil auf private Finanzierungsquellen angewiesen.

Die vorherrschende Dominanz öffentlicher *Schulfinanzierung* geht mit einer höchst unterschiedlichen Aufteilung der Finanzierungszuständigkeit und Ausgabenkompetenz auf die verschiedenen Gebietskörperschaften einher. Bezogen auf OECD-Mitgliedstaaten lassen sich vier Gruppen von Ländern unterscheiden (vgl. OECD 2000, S. 117/118; WEIß, 1999):

- 1. Gruppe: Die Finanzierung liegt entweder vollständig oder zu einem erheblichen Teil bei der zentralen Gebietskörperschaft, bei der auch zugleich die Hauptausgabenkompetenz liegt (z.B. Frankreich, Griechenland, Irland, Italien, Niederlande, Tschechische Republik).
- 2. Gruppe: Die Zentralregierung ist im Wesentlichen für die Bereitstellung der Mittel verantwortlich; diese werden jedoch an regionale und kommunale Gebietskörperschaften transferiert, die somit über die Ausgabenkompetenz verfügen (z.B. Finnland).

- 3. Gruppe: Die Hauptfinanzierungslast liegt bei den regionalen Gebietskörperschaften, die zugleich auch Hauptverwender der Finanzmittel sind (z. B. Belgien, Deutschland, Schweiz).
- 4. Gruppe: Die Finanzierungsverantwortung ist hier zwischen regionalen und kommunalen Gebietskörperschaften aufgeteilt (z. B. USA, Kanada). Die Ausgabenkompetenz liegt im Falle der USA nahezu vollständig, in Kanada zu einem erheblichen Teil bei lokalen Entscheidungsträgern.

Einige OECD-Länder lassen sich keiner dieser Gruppe zuordnen. Zu diesen Ländern zählt etwa das Vereinigte Königreich. Dort stammen rund 80 % der Mittel von der Zentralregierung, die von dieser an die lokalen Behörden bildungsbezogen transferiert und dort für den Ressourcenerwerb verausgabt werden.

Manche Länder verbinden die Kompetenz- und Lastenverteilung auf verschiedenen Gebietskörperschaften mit einer funktionalen Differenzierung der Zuständigkeits- und Verantwortungsaufteilung, so z. B. auch Deutschland, wo die Länder für die „inneren" und die Kommunen für die „äußeren" Schulangelegenheiten zuständig sind. „Zu den inneren Schulangelegenheiten gehört alles, was sich auf das Leben und die Arbeit der Schule bezieht: Unterricht und Erziehung, Lehrplan und Methode, Prüfungen und Zeugnisse. Die äußeren Schulangelegenheiten umfassen ... insbesondere die Errichtung und Unterhaltung der Schulgebäude sowie die Beschaffung und Bereithaltung der Lehrmittel" (AVENARIUS / HECKEL, 2000, S. 9).

Unterschiede in der Aufteilung der Finanzierungszuständigkeit zwischen den Gebietskörperschaften stehen in keinem Zusammenhang mit der fiskalischen Leistungsfähigkeit der Finanzierungssysteme. Der Ländervergleich der Aufwendungen je Schüler liefert keine Anhaltspunkte dafür, dass die Fähigkeit zur Mittelaufbringung in Ländern mit einem relativ hohen Mittelaufkommen aus lokalen Einnahmequellen geringer ist. Allerdings sind in diesen Ländern bisweilen erhebliche regionale Disparitäten in der Ausstattung mit Bildungsressourcen anzutreffen. Das Beispiel der USA zeigt dies in besonders augenfälliger Weise: Trotz eines in den meisten Bundesstaaten eigens für den Schulbereich etablierten vertikalen Finanzausgleichs (formelgebundene Mittelzuweisung des Bundesstaates an die Schulbezirke) sind die zwischen Schulbezirken bestehenden Unterschiede bei den Aufwendungen je Schüler beträchtlich[1].

Das derzeit überall vorherrschende Finanzierungskonzept ist das der institutionellen Finanzierung, d. h. die Zuweisung personaler, materieller und finanzieller Ressourcen an die Bildungseinrichtungen. Im Zuge der Einführung neuer Steuerungssysteme und der damit einhergehenden Dezentralisierung der Ressourcenverantwortung (s. New Public Management) haben globale Finanzmittelzuweisungen (*Budgetierung)* einen Bedeutungszuwachs erfahren. Leitend für die Erweiterung der einzelschulischen Dispositionskompetenz über Ressourcen ist die Erwartung, dass „vor Ort" getroffene Entscheidungen über die Mittelverwendung besser den spezifischen Bedürfnissen und intern gesetzten Prioritäten der Schulen Rechnung tragen und – als Ergebnis eines größeren Kostenbewusstseins – sparsamer gewirtschaftet wird. Während es inzwischen hinreichende Evidenz für Sparerfolge gibt (z. B. BELLENBERG / BÖTTCHER, 1999), stehen bislang überzeugende empirische Belege für die von dezentraler Ressourcenverantwortung erwartete Verbesserung der Effektivität des Ressourceneinsatzes noch aus: Die Auswertung von 83 Studien zum School-Based-Management in angelsächsischen Ländern z. B. ergab kaum Hinweise auf einen positiven Zusammenhang mit Schülerleistungen (LEITHWOOD / MENZIES, 1998).

[1] In Pennsylvania z. B. reicht die Spannweite der von den Schulbezirken aufgewendeten Ausgaben je Schüler von 4.300 bis 13.500 Dollar – Education Week vom 13.10.1999, S. 22.

Gegenwärtig dominieren input-orientierte Budgetierungsverfahren: die Zuweisung mehr oder weniger umfassender Globalbudgets an die Schulen unter Berücksichtigung schüler- und schulstandortbedingter Besonderheiten (formelgebundene Mittelzuweisung). Noch wenig verbreitet sind dagegen output-orientierte Budgetierungsverfahren mit ausgehandelten Budgets auf der Basis von Zielvereinbarungen. In Deutschland hat die funktionale Kompetenz- und Lastenverteilung zwischen Land und Kommunen bisher kohärente Konzepte einer Gesamtbudgetierung, wie sie in anderen Ländern z.T. existieren (z.B. England und Wales, Niederlande), verhindert. Die Umstellung der institutionellen Finanzierung auf budgetorientierte Konzepte ist bislang – im Zuge der kommunalen Verwaltungsmodernisierung – lediglich auf der Schulträgerebene realisiert worden. Zahlreiche Kommunen sind in den letzten Jahren dazu übergegangen, die traditionelle Detailsteuerung der Haushalte umzustellen. Die Entwicklung verläuft weitgehend unkoordiniert. Selbst innerhalb eines Bundeslandes sind höchst unterschiedliche Budgetierungskonzepte anzutreffen. Sie unterscheiden sich im Umfang der darin einbezogenen Haushaltsstellen und/oder im Grad der Selbständigkeit der Schulen bei der Bewirtschaftung der zur Verfügung gestellten Haushaltsmittel (vgl. DEUTSCHER STÄDTETAG, 1995). Einige Bundesländer (z.B. Nordrhein-Westfalen) haben die partielle Budgetierung von Landesmitteln eingeführt, indem sie den Schulen in begrenztem Umfang ermöglichen, zwischen Stellen und Geldzuweisungen zu wählen, Geldzuweisungen, die sie zur Beschäftigung von Honorarkräften oder zur Vergütung nebenamtlicher Tätigkeiten und Mehrarbeit des vorhandenen Personals einsetzen können. Praktiziert wird z.T. auch die Budgetierung zugewiesener Lehrerstunden (z.B. an Gymnasien in Bayern ab dem Schuljahr 2000/2001).

In dem Trend zu einer eigenverantwortlichen Mittelbewirtschaftung durch die Bildungsinstitutionen manifestiert sich das Bemühen zahlreicher Länder, die Finanzierungssysteme stärker als Steuerungsinstrument zur Erreichung von Effizienzzielen im Schulbereich zu funktionalisieren. Insbesondere in einigen angelsächsischen Ländern sind unter diesem Aspekt im Rahmen der Budgetierung schülergesteuerte Formen der Mittelzuweisung in der Erwartung eingeführt worden, durch die gezielte Herstellung einer Wettbewerbssituation Effizienzverbesserungen im Schulbereich zu bewirken.

In England z.B. werden den Schulen Globalbudgets formelgebunden auf der Basis folgender Komponenten zugewiesen:

- der altersgewichteten Schülerzahl,
- curricularen Besonderheiten,
- schülerbedingtem Sonderbedarf,
- schulstandortbedingtem Sonderbedarf (z.B. für kleine Schulen).

80% der Mittel sind an die Schülerzahl gekoppelt. Für die Schulen besteht damit (bei freien Kapazitäten) ein starker Anreiz, über die Rekrutierung zusätzlicher Schüler ihre Finanzsituation zu verbessern. Als problematisch erweist sich diese Form der Mittelzuweisung dann, wenn Schulen wettbewerbs- oder demographisch bedingt einen starken Schülerschwund zu verkraften haben, weil den dadurch entstehenden Einnahmeausfällen wegen des relativ hohen Anteils an fixen bzw. sprungfixen Kosten im Schulbereich keine entsprechenden Kosteneinsparungen gegenüberstehen. Solche möglichen Entwicklungen zeigen die Grenzen der Wettbewerbssteuerung auf. Nicht grundlos erteilte deshalb die Bildungskommission Nordrhein-Westfalen (1995) in ihrer Denkschrift „Zukunft der Bildung – Schule der Zukunft“ der „Marktsteuerung der Ressourcen“ eine klare Absage: „Die zugewiesenen Mittel dürfen nicht ausschließlich an die Schülerzahl gekoppelt sein und mit den Schülerinnen und Schülern und deren Anmeldeverhalten von Schule zu Schule wandern. Das Land und die Kommunen müssen vielmehr eine ausreichende Grundfinanzierung sicher stellen, die die Arbeit aller Schulen garantiert“ (BILDUNGSKOMMISSION NRW, 1995, S. 212).

Was für die schülergesteuerte Mittelzuweisung gesagt wurde, gilt analog auch für den Vorschlag, die institutionelle Finanzierung vollständig oder teilweise durch ein subjektbezogenes Finanzierungssystem zu ersetzen, indem den Bildungsnachfragern *Gutscheine* ausgehändigt werden, die sie an einer (akkreditierten) Schule ihrer Wahl einlösen können. Erreicht werden soll damit zweierlei: die Bereitstellung eines den differenzierten „Konsumentenpräferenzen" entsprechenden Bildungsangebots sowie ein innovationsfördernder und effizienzsteigender Wettbewerb zwischen Bildungsinstitutionen. Die Aufmerksamkeit, die dieses Finanzierungskonzept derzeit in der wissenschaftlichen und politischen Diskussion findet (z. B. SACHVERSTÄNDIGENRAT BILDUNG, 1998; MANGOLD / OELKERS / RHYN, 2000; WOLTER, 2001) kontrastiert auffällig mit der äußerst dürftigen empirischen Befundlage. Nirgendwo sind bislang Bildungsgutscheine flächendeckend als Instrument der Wettbewerbssteuerung eingeführt worden. In einigen amerikanischen Großstädten (z. B. Milwaukee, New York, Cleveland) ist Kindern aus einkommensschwachen Familien durch die Ausgabe von Bildungsgutscheinen der Besuch von Privatschulen ermöglicht worden. Die dabei gewonnenen Erfahrungen erlauben jedoch keine Rückschlüsse auf Funktionsweise und Wirkungen eines vollständig auf Bildungsgutscheine umgestellten Systems der Schulfinanzierung.

Vor dem Hintergrund der persistenten Engpasssituation in den öffentlichen Haushalten und der Dezentralisierung der Ressourcenverantwortung wird den Schulen in den letzten Jahren eine aktivere Rolle bei der Mittelaufbringung abverlangt. Verstärkt hat sich vielerorts auf sie der Druck, in „Selbsthilfeinitiativen" zusätzliche Finanzierungsquellen zu erschließen: durch „fund raising", die Einwerbung von Sponsorengeldern und die Erzielung von Erlösen aus Marktaktivitäten (BÖTTCHER, 1999; BELLENBERG / BÖTTCHER, 1999). Im Rahmen strategischer Überlegungen zur Ressourcensicherung im Schulbereich ist die Mobilisierung von Ressourcen aus dem privaten Sektor inzwischen nicht mehr wegzudenken, auch wenn breiter Konsens darüber besteht, dass dies in einem unter staatlicher Gesamtverantwortung stehenden Schulwesen kein konstitutives Element eines „neuen" Finanzierungssystems sein kann. Bislang liegen kaum verlässliche Informationen darüber vor, in welchem Umfang staatliche Schulen auf private Finanzierungsquellen zurückgreifen und für welche Zwecke die daraus stammenden Mittel vorrangig Verwendung finden. Immerhin sind, wie unten dargestellt wird, dazu für die allgemein bildenden Schulen in Deutschland einigermaßen repräsentative Aussagen auf der Basis einer Stichprobenuntersuchung aus dem Schuljahr 1998/99 und aus der nationalen Ergänzung der PISA-Studie möglich.

Schulfinanzierung in Deutschland: empirische Situationsbeschreibung

In Deutschland sind 1997 97,7 Mrd. DM für öffentliche und 6,8 Mrd. DM für private Schulen aufgewendet worden. Dieser Betrag, in dem Zuschläge für die Beamtenversorgung und Beihilfe enthalten sind, entspricht einem Anteil von knapp 45 % am gesamten Bildungsbudget, von 2,9 % am Bruttoinlandsprodukt und von 9,5 % am öffentlichen Gesamthaushalt (ohne Sozialversicherung). Von den gesamten Schulausgaben in Höhe von 104,5 Mrd. DM sind 101,6 Mrd. DM (= 97 %) aus öffentlichen Haushalten und 3 % aus privaten Quellen (private Träger von Bildungseinrichtungen, Haushalte) finanziert worden. Nicht berücksichtigt sind in diesem Betrag Ausgaben der Haushalte für Nachhilfeunterricht[2] und Käufe von Lernmitteln, Elternspenden, Mittel von Fördervereinen, Sponsorengelder, unentgeltliche Leistungen und private Sachspenden.

[2] Schätzungen zufolge gaben Eltern in Deutschland 1998 1,8 Mrd. DM für bezahlten Nachhilfeunterricht aus – vgl. Kramer / Werner 1998.

Die öffentliche Finanzierung der Bildungsausgaben erfolgt aus allgemeinen Haushaltsmitteln: Steuern, Mitteln aus dem Finanzausgleich und Kreditmarktmitteln. Der größte Teil des gesamten Steueraufkommens entfällt auf sog. Gemeinschaftssteuern (insbesondere Einkommensteuer, Körperschaftssteuer, Umsatzsteuer), deren Aufkommen zwischen Bund, Ländern und Gemeinden nach einem im Grundgesetz verankerten (Einkommen- und Körperschaftssteuer) bzw. durch Bundesgesetz (Umsatzsteuer) festgelegten Schlüssel aufgeteilt wird. Für die endgültige Finanzausstattung der für die Schulfinanzierung zuständigen Länder und Kommunen spielen die empfangenen oder gezahlten Transferzahlungen im Rahmen des Länderfinanzausgleichs (horizontaler Finanzausgleich) und die an die Länder gezahlten Bundesergänzungszuweisungen (vertikaler Finanzausgleich) eine wichtige Rolle. Dieses System des Finanzausgleichs sorgt in Deutschland dafür, dass die „Herstellung gleichwertiger Lebensverhältnisse“ als im Grundgesetz verankertes Gebot auch im Schulbereich möglich wird.

Hauptfinanzierungsträger im Schulbereich sind die Länder, auf die 82 % der Grundmittel entfallen; der Anteil der Gemeinden liegt bei 18 %. Bei den Grundmitteln handelt es sich um die Ausgaben eines Aufgabenbereichs abzüglich sämtlicher Einnahmen. Sie zeigen die aus allgemeinen Haushaltsmitteln zu finanzierenden Ausgaben. Für die so gemessene Finanzausstattung liegen inzwischen – bis 1975 zurückreichende – Zeitreihen vor (HETMEIER / WEIß, 2001). Danach sind die Grundmittel nominell seit 1975 um mehr als das Zweieinhalbfache gestiegen, von 36,5 Mrd. DM auf 99,7 Mrd. DM (1997). Eliminiert man die Preisveränderung in Höhe der Preisentwicklung beim Bruttoinlandsprodukt, dann ergibt sich ein realer Anstieg von 41 %.

Diese Veränderung muss, um sie als Verbesserung der schulischen Ressourcenausstattung qualifizieren zu können, in Verbindung mit der Entwicklung der Schülerzahlen gesehen werden. Setzt man das gesamte Schulbudget jeweils ins Verhältnis zur Gesamtzahl der Schülerinnen und Schüler an allgemein bildenden und beruflichen Schulen, dann zeigt sich, dass die Ausgaben je Schüler zwischen 1975 und 1997 nominal von rund 3000 DM auf 7850 DM gestiegen sind, real um 36%. Die darin zum Ausdruck kommende Verbesserung der Finanzmittelausstattung ist vor allem dazu genutzt worden, über den personellen Ausbau des Schulwesens die Schüler-Lehrer-Relation günstiger zu gestalten.

Ausgaben je Schüler nach Bundesländern, Schulformen und Ausgabearten 1997:

Seit 1995 werden vom Statistischen Bundesamt nach einer neuartigen Methodik Ausgaben je Schüler nach Bundesländern, Schulformen und Ausgabearten unter Berücksichtigung kalkulatorischer Versorgungsbezüge und Beihilfezahlungen für das beamtete Personal im Schulbereich berechnet (vgl. Tabelle 1; zur Methodik im Einzelnen LÜNNEMANN, 1998).

1997 wurden danach in Deutschland von den öffentlichen Haushalten für einen Schüler an staatlichen allgemein bildenden und beruflichen Schulen im Durchschnitt 8200 DM aufgewendet, 8700 DM für einen Schüler an allgemein bildenden Schulen und 6200 DM für einen Schüler an beruflichen Schulen. Der geringere Betrag der beruflichen Schulen erklärt sich aus den niedrigeren Ausgaben je Schüler bei den Berufsschulen (4000 DM) infolge des Teilzeitunterrichts (vgl. Tabelle 2).

Tab. 1 Ausgaben für öffentliche Schulen[1] im Haushaltsjahr 1997 je Schüler sowie Personalausgaben je Unterrichtsstunde nach Ländern in DM

Land	Ausgaben je Schüler (Vollzeit- und Teilzeitschüler)			Personalausgaben[2)] je wöchentliche Unterrichtsstunde
	Allgemein bildende Schulen	Berufliche Schulen	alle Schularten	
Baden-Württemberg	8 800	7 500	8 600	5 200
Bayern	9 300	6 300	8 700	5 400
Berlin	9 600	6 500	9 100	5 500
Brandenburg	7 400	4 000	6 800	3 800
Bremen	11 300	7 400	10 300	6 200
Hamburg	12 500	9 200	11 700	5 900
Hessen	8 400	6 400	8 000	5 400
Mecklenburg-Vorpommern	7 300	4 100	6 700	4 000
Niedersachsen	8 800	6 600	8 300	5 300
Nordrhein-Westfalen	8 500	6 000	8 100	5 400
Rheinland-Pfalz	8 800	6 500	8 300	5 400
Saarland	8 400	6 400	8 000	5 300
Sachsen	7 100	4 300	6 500	3 700
Sachsen-Anhalt	8 400	4 700	7 700	4 600
Schleswig-Holstein	9 000	6 300	8 500	5 400
Thüringen	8 800	5 400	8 100	4 600
Deutschland	8 700	6 200	8 200	5 100
Flächenländer:				
Früheres Bundesgebiet	8 800	6 500	8 300	5 400
Neue Länder	7 700	4 500	7 100	4 100
Stadtstaaten	10 500	7 500	9 900	5 700

1) Ohne Schulverwaltung

2) Ausgaben für das Lehr-, Verwaltungs- und sonstige Personal (einschl. Zuschläge für Beihilfen und Versorgung)

Quelle: Statistisches Bundesamt

Tab. 2 Ausgaben für öffentliche Schulen [1] im Haushaltsjahr 1997 je Schüler nach Schularten in DM

Schulart	Deutschland	Flächenländer		Stadtstaaten
		Früheres Bundesgebiet	Neue Länder	
Allgemein bildende Schulen	8 700	8 800	7 700	10 500
Grundschule	6 600	6 600	5 800	7 900
Hauptschule	9 400	9 300	10 000	12 100
Realschule	8 300	8 300	7 900	9 500
Gymnasium	10 200	10 600	8 400	11 500
Integrierte Gesamtschule	10 400	10 400	8 400	12 900
Sonderschule	19 900	20 700	16 500	25 800
Berufliche Schulen	6 200	6 500	4 500	7 500
Berufsschule	4 000	4 200	3 200	4 900
Berufsfachschule	11 500	11 800	9 000	13 500
Fachoberschule	9 100	9 200	7 100	10 700
Fachgymnasium	11 500	11 700	9 900	16 300
Fachschule	10 300	10 500	7 500	12 500
Schulen insgesamt	8 200	8 300	7 100	9 900

Quelle: Statistisches Bundesamt

Tab. 3 Ausgaben für öffentliche Schulen[1] im Haushaltsjahr 1997 je Schüler nach Ländern und Ausgabearten in DM

Land	alle Schularten Personalausgaben[2)]	Laufender Sachaufwand	Investitionsausgaben	Gesamtausgaben[3)]
Bayern	6 900	900	900	8 700
Berlin	7 600	800	700	9 100
Brandenburg	5 200	700	900	6 800
Bremen	9 000	600	600	10 300
Hamburg	8 900	1 300	1 500	11 700
Hessen	6 700	800	500	8 000
Mecklenburg-Vorpommern	5 100	800	800	6 700
Niedersachsen	7 100	800	500	8 300
Nordrhein-Westfalen	6 800	800	500	8 100
Rheinland-Pfalz	6 900	700	700	8 300
Saarland	6 800	700	400	8 000
Sachsen	5 000	800	800	6 500
Sachsen-Anhalt	6 100	800	800	7 700
Schleswig-Holstein	6 900	900	600	8 500
Thüringen	6 500	900	800	8 100
Deutschland	6 700	800	700	8 200
Flächenländer:				
Früheres Bundesgebiet	6 900	800	600	8 300
Neue Länder	5 500	800	800	7 100
Stadtstaaten	8 100	900	900	9 900

1) Ohne Schulverwaltung

2) Ausgaben für das Lehr-, Verwaltungs- und sonstige Personal (einschl. Zuschläge für Beihilfen und Versorgung)

3) Abweichung durch Rundungsdifferenzen

Quelle: Statistisches Bundesamt

Die Ausgaben je Schüler differieren stark nach Schularten (vgl. Tabelle 2). Mit 6600 DM liegen die durchschnittlichen Ausgaben an Grundschulen am niedrigsten, gefolgt von den Realschulen mit 8300 DM, den Hauptschulen mit 9400 DM, den Gymnasien mit 10200 DM und den Intergrierten Gesamtschulen mit 10400 DM. Spitzenreiter sind die Sonderschulen mit fast 20000 DM je Schüler.

Auffällige Unterschiede in der Höhe der Ausgaben je Schüler zeigen sich beim Vergleich einerseits zwischen alten und neuen Bundesländern und andererseits zwischen Flächenländern und Stadtstaaten (vgl. Tabelle 3). Die Flächenländer im früheren Bundesgebiet gaben im Durchschnitt 14 % mehr pro Schüler an allgemein bildenden Schulen aus als die neuen Länder. Vergleicht man nur die Personalausgaben, dann belaufen sich die Mehraufwendungen sogar auf 25 %, eine Folge der höheren Vergütung und z. T. höheren Einstufung der in den alten Bundesländern beschäftigten Lehrkräfte. Auch die um ein Viertel über dem Bundesdurchschnitt liegenden Ausgaben je Schüler in den Stadtstaaten sind z. T. auf Vergütungsunterschiede (höhere Eingangsstufen zur Lehrerbesoldung) zurückzuführen.

Im Durchschnitt der Flächenländer (früheres Bundesgebiet) repräsentieren die Personalausgaben 83 % der gesamten Ausgaben je Schüler an allgemein bildenden Schulen, in den neuen Ländern liegt der Anteil bei 77 %. Während in den Flächenländern des früheren Bundesgebiets die Personalausgaben je Schüler nur wenig um den Durchschnittswert von 6900 DM streuen, zeigen sich in den neuen Bundesländern deutliche Unterschiede: Mit 6500 DM lagen 1997 die Personalausgaben je Schüler in Thüringen um 30 % über dem Betrag, den Sachsen ausgab.

Auch die übrigen Ausgabearten differieren zwischen den Bundesländern. Auf den laufenden Sachaufwand entfielen 1997 im Bundesdurchschnitt 800 DM je Schüler, mit einer Streuung von 600 DM in Bremen bis 1300 DM in Hamburg. Die Investitionsausgaben beliefen sich auf durchschnittlich 700 DM je Schüler, mit Werten zwischen 400 DM im Saarland und 1500 DM in Hamburg.

Beim Ausgabenvergleich zwischen Bundesländern sind Unterschiede in der Unterrichtsversorgung zu beachten. Solche Differenzen lassen sich eliminieren, wenn die Ausgaben auf die pro Woche erteilten Unterrichtsstunden bezogen werden. Bundesweit beliefen sich 1997 die Personalausgaben je wöchentlich erteilter Unterrichtsstunde für alle Schulformen auf 5100 DM. Die Länder Sachsen (3700 DM) und Bremen (6200 DM) bilden hierbei die Extreme (vgl. Tabelle 1).

Empirische Ergebnisse zum Privatisierungsgrad der Schulfinanzierung in Deutschland:

Den Ergebnissen einer Stichprobenuntersuchung zufolge (SCHMIDT / WEISHAUPT / WEIß, 2001) lässt sich konstatieren, dass der Privatisierungsgrad der Finanzierung staatlicher allgemein bildender Schulen (ohne Sonderschulen) deutlich hinter den Erwartungen zurückbleibt. Von den in der Stichprobe erfassten Schulen (3410) verfügt nach Angaben der Schulleitungen etwa die Hälfte (53,7 %) über keinerlei nennenswerte Drittmitteleinnahmen. Bei Hochrechnung der Ergebnisse ergibt sich für das Schuljahr 1998/99 bundesweit ein durchschnittliches Drittmittelaufkommen[3] von 96,2 Mio. DM. Dieser Betrag umfasst durch Fördervereine zur Verfügung gestellte Mittel, Elternspenden, Spenden und Sponsorengelder privater Organisationen sowie geldwerte Sachleistungen.

Im Durchschnitt (Mediane) beliefen sich die privaten Zuwendungen der Schulen auf 4252 DM, je Schüler waren es 13,25 DM. Hinter diesem Wert verbergen sich allerdings beträchtliche Unterschiede zwischen den Schulen: eine Streuung der gesamten Zuwendungen (Standardabweichung) von

[3] Für die Hochrechnung wurden die Mittelwerte mit der Anzahl der geförderten Schulen je Schulart (in der westdeutschen Stichprobe ohne kombinierte Schularten) multipliziert.

knapp 20000 DM und eine Spannweite von knapp 260000 DM. Erhebliche Disparitäten zeigen sich auch beim Ost-West-Vergleich: Mit durchschnittlich 5200 DM je Schule und knapp 16 DM je Schüler standen den westdeutschen Schulen drei Mal mehr Drittmittel zur Verfügung als den ostdeutschen Schulen.

Bei dem nach Schularten differenzierten durchschnittlichen Pro-Kopf-Aufkommen liegen die Gymnasien mit 21,70 DM (Westdeutschland) bzw. 9,50 DM (Ostdeutschland) vor den Grundschulen mit knapp 17,40 DM (Westdeutschland) bzw. 9,50 DM (Ostdeutschland) und den Gesamtschulen / West (15 DM) bzw. den kombinierten Schulen / Ost (4,25 DM). Die westdeutschen Hauptschulen kommen gerade einmal auf einen durchschnittlichen Pro-Kopf-Betrag von 7,70 DM.

Mit knapp der Hälfte des Mittelaufkommens entfällt der größte Teil auf die Fördervereine, über ein Viertel macht der Wert der Sachleistungen aus, etwa jede siebte DM stammt aus Elternspenden sowie aus Spenden- und Sponsorengeldern privater Organisationen.

Die Position Deutschlands bei den Ausgaben je Schüler im internationalen Vergleich:

Die finanzstatistische Kennzahl „Ausgaben pro Schüler" fungiert vielfach als indirekter Indikator der Qualität der Bildungsleistung. Daher rührt auch das besondere Interesse an internationalen Vergleichszahlen, wie sie die OECD im Rahmen des INES-Projektes seit einigen Jahren bereitstellt (vgl. aktuell OECD 2000). Deutschland hatte danach im Primarbereich 1997 mit 3490 US-Dollar (kaufkraftbereinigt) einen Betrag pro Schüler aufgewendet, der um 9% den Durchschnitt der 27 Berichtsländer (3851 US-Dollar) unterschritt; im Sekundarbereich lag der Betrag mit 6149 US-Dollar rund 17% über dem Ländermittel (5273 US-Dollar). Zu berücksichtigen ist dabei, dass darin die Kosten für die Duale Ausbildung in den Betrieben enthalten sind. Ohne diese Kosten würden die Ausgaben je Schüler im Sekundarbereich in Deutschland etwa 6% unter dem Ländermittel liegen.

Dass die Ausgaben je Schüler kein valider Indikator der Bildungsqualität sind, zeigt sich darin, dass Länder wie die Niederlande, Tschechien, Japan und Korea, die vergleichsweise wenig pro Schüler ausgeben, bei den TIMSS-Studien mit die höchsten Mathematikleistungen aufweisen.

Interessanter als der globale Vergleich der Ausgaben pro Schüler ist der Vergleich der dahinter stehenden Ausgabendeterminanten. Beschränkt man sich dabei auf die Personalausgaben als wichtigste Ausgabenkategorie (durchschnittlich entfielen 1997 in den OECD-Ländern etwa 80 % der Bildungsausgaben im Primar- und Sekundarbereich auf Personal), dann sind die wichtigsten Determinanten (und politischen Gestaltungsparameter) die Höhe der Lehrergehälter, die *Klassengröße*, die jährliche Unterrichtsstundenzahl der Lehrkräfte und die jährliche Unterrichtsstundenzahl der Schüler. Der für diese Determinanten von der OECD dokumentierte Vergleich zeigt erhebliche Länderunterschiede (vgl. OECD, 1997, 2000). So lagen die standardisierten Lehrergehälter (durchschnittliches Gehalt nach 15 Jahren Berufserfahrung jeweils in kaufkraftbereinigten US-Dollar) im Primarbereich zwischen 42 724 (Schweiz) und 8 603 (Ungarn), im Sekundarbereich I zwischen 51 361 (Schweiz) und 9 342 (Tschechien) und im Sekundarbereich II zwischen 60 514 (Schweiz) und 10 347 (Tschechien). Deutschland weist die dritthöchsten Gehälter im Primarbereich (38 138) und Sekundarbereich II (43 307) auf und die vierthöchsten im Sekundarbereich I (38 640); sie liegen knapp ein Drittel über dem jeweiligen OECD-Durchschnitt.

Wenn Deutschland bei den Ausgaben je Schüler im Vergleich zu den Personalausgaben eine schlechtere Position einnimmt, dann hängt dies damit zusammen, dass der Einfluss der hohen Lehrergehälter durch eine ungünstigere Schüler-Lehrer-Relation überkompensiert (Primarbereich) bzw. reduziert (Sekundarbereich) wird: Mit einer Schüler-Lehrer-Relation von 21.6 im Primarbereich weist Deutschland den vierthöchsten Wert unter 21 Berichtsländern auf und liegt damit deutlich über dem OECD-Durchschnitt von 17.1. Weniger stark weicht der Wert vom Ländermittel im Sekundarbereich I ab (16.3 gegenüber 14.9); im Sekundarbereich II liegt er mit 13.6 leicht unter dem mittleren Wert von 15.1.

Zwei Schlussfolgerungen lassen sich daraus ziehen: Erstens setzt Deutschland bei der Mittelverwendung im Schulbereich Prioritäten bei den Lehrergehältern, während andere Länder stärker in das „Mengengerüst“, d.h. eine bessere Personalausstattung, investieren. Zweitens gibt es – gemessen an der Schüler-Lehrer-Relation – eine Bevorzugung des Sekundarbereichs bei der Mittelallokation, die in Deutschland deutlicher ausfällt als in den meisten anderen OECD-Ländern. Neben Unterschieden in der Pflichtstundenzahl zwischen den Lehrämtern manifestieren sich darin vor allem differente Klassenfrequenzen.

Literatur

AVENARIUS, H. / HECKEL, H.: Schulrechtskunde. Neuwied, Kriftel 2000.

BELLENBERG, G. / BÖTTCHER, W.: Budgetierung und Fundraising als Elemente eines neuen Finanzierungsmanagements. Hagen: Fernuniversität Hagen (Studienbrief) 1999.

BILDUNGSKOMMISSION NRW: Zukunft der Bildung – Schule der Zukunft. Neuwied, Kriftel 1995.

BÖTTCHER, J.-U. (Hrsg.): Sponsoring und Fundraising für die Schule. Neuwied, Kriftel 1999.

DEUTSCHER STÄDTETAG: Verwaltungsmodernisierung und Schule. Positionspapier verabschiedet vom Schulausschuss des Deutschen Städtetages am 2.11.1995.

HETMEIER, H.-W. / WEIß, M.: Bildungsausgaben. In: Böttcher, W.; Klemm, K.; Rauschenbach, T.: (Hrsg.): Bildung und Soziales in Zahlen. Weinheim u. München 2001, S. 39–55.

KRAMER, W. / WERNER, D.: Familiäre Nachhilfe und bezahlter Nachhilfeunterricht – Ergebnisse einer Elternbefragung in NRW. Köln: Institut der Deutschen Wirtschaft 1998.

LEITHWOOD, K. / MENZIES, T.: Forms and effects of school-based management: a review. In: Educational Policy 12, 1998, 3, S. 325–346.

LÜNNEMANN, P.: Methodik zur Darstellung der öffentlichen Ausgaben für schulische Bildung nach Bildungsstufen sowie zur Berechnung finanzstatistischer Kennzahlen für den Schulbereich. In: Wirtschaft und Statistik 1998, 2, S. 141–152.

MANGOLD, M. / OELKERS, J. / RHYN, H.: Bildungsfinanzierung durch Bildungsgutscheine. In: Zeitschrift für Pädagogik, 46, 2000, 1, S. 39–59.

OECD: Bildungspolitische Analyse. Paris 1997.

OECD: Bildung auf einen Blick. Paris 2000.

Sachverständigenrat Bildung: Für ein verändertes System der Bildungsfinanzierung. Düsseldorf: Hans-Böckler-Stiftung 1998.

SCHMIDT, C. / WEISHAUPT, H. / WEIß, M.: Private Finanzierung von öffentlichen Schulen. Erfurt 2001 (Schriftenreihe des Instituts für Allgemeine Erziehungswissenschaft und Empirische Bildungsforschung) (in Vorbereitung).

WEIß, M.: Bildungsfinanzierung im internationalen Vergleich. In: von Rosenbladt, B. (Hrsg.): Bildung in der Wissensgesellschaft. Münster u.a. 1999, S. 151–163.

WOLTER, S.C.: Bildungsfinanzierung zwischen Markt und Staat. Chur, Zürich 2001.

JENS-UWE BÖTTCHER

Fundraising und Sponsoring für die Schule – Geld ist das Medium, nicht das Ziel

Der Fundraising- und Sponsoringmarkt ist ein wenig verrechtlichtes Feld, auf dem Ideenreichtum und Tatkraft noch etwas bewegen und zu messbaren Erfolgserlebnissen führen können. Das macht ihn zunehmend attraktiv.[1] Dieser Markt richtet sich nicht in erster Linie nach dem objektiven gesellschaftlichen Nutzen einer Sache, sondern danach, womit man bei den eigenen Zielgruppen am meisten Aufmerksamkeit erregen kann. Das Thema Schulbildung steht dabei nicht an erster Stelle. Eine neuere Untersuchung zum Thema Sponsoring[2] hat die bisherige Tendenz bestätigt, wonach dem Sport bis auf weiteres rund 60 % der Sponsorengelder zufließen werden. Das liegt in erster Linie an der Botschaft, die mit dem Sport, vor allem dem Spitzensport, an die Zielgruppen der Sponsoren getragen wird, womit Eigenschaften transportiert werden sollen wie Ehrgeiz, Leistungswille, Zielstrebigkeit und die Bereitschaft, sich um höchster Ziele willen zu schinden.

Entwicklung des Sponsoring-Volumens in Deutschland bis 2005 (in Milliarden D-Mark):

[1] Ausführlich hierzu Böttcher 1999, S. 11 ff.

[2] SPONSOR VISIONS 2000, eine Untersuchung der Agentur „pilot checkpoint" und des Info-Dienstes „new business", beide Hamburg; zu beziehen über www.new-business.de

Sponsoring-Art	2000	2001	2005
Sport	2,9	3,2	3,9
Medien	0,9	1,1	1,5
Kultur	0,6	0,6	0,8
Sozio	0,2	0,3	0,3
Öko	0,2	0,2	0,2
Gesamt	4,8	5,4	6,8

(Quelle: new business / pilot group)

Bildungssponsoring ist in dieser Tabelle bei 'Sozio' untergebracht. Damit ist aber nicht gesagt, dass Schule und Bildung auf Dauer die Aschenputtel des Spendenmarkts bleiben müssten. Auch hier gilt tendenziell: Je höher ein Anliegen oder ein daraus entwickeltes Projekt auf der Skala unserer gesellschaftlichen Prioritäten rangiert, je mehr Menschen es für allgemein förderungswürdig erachten und je klarer und überzeugender vermittelt werden kann, wie wichtig es ist, gerade dieses Anliegen zu fördern, desto eher wird dafür Unterstützung gewonnen. Demnach muss für die Schulbildung noch eine Menge unausgeschöpfter Reserven am Gebermarkt aktivierbar sein – für den, der das Thema richtig anpackt. Richtig heißt kompetenz- und zukunftsorientiert, systematisch und mit einer langfristig angelegten Strategie. Zu diesem Ergebnis ist auch die erwähnte Untersuchung aus Hamburg gekommen: In Zukunft werde neben Hochschulsponsoring besonders Schulsponsoring für Unternehmen an Attraktivität gewinnen. Damit wird durchaus denkbar, dem Bildungssponsoring in wenigen Jahren eine eigene Rubrik zuzuerkennen.

Fundraising und Sponsoring: Was ist das genau?

Wörtlich übersetzt heisst „*Fundraising*" nichts weiter als „Mittelbeschaffung". Auch im angelsächsischen Sprachgebrauch hat sich der Begriff mittlerweile auf Mittelbeschaffung für wohltätige Zwecke konzentriert. Das bedeutet: Fundraising ist die Kunst, für mein gemeinnütziges Anliegen von anderen Unterstützung zu erhalten, indem ich sie dazu bewege, dieses Anliegen auch zu dem ihren zu machen. Fundraising ist nichts Geheimnisvolles. Es ist ein langfristig angelegtes, systematisches Akquisitionsverfahren, das Engagement und Ausdauer verlangt und dessen wesentliche Elemente kreatives Marketing, gefühlvolle Öffentlichkeitsarbeit und solides Management sind. Es ersetzt Einzelaktion und Zufallstreffer durch erlernbare Techniken und baut dabei in starkem Maße auf kommunikativen Begabungen auf, die aus dem Wirtschaftsleben übernommen und auf gemeinwohlorientiertes Wirken ausgerichtet worden sind und die auch in anderen Berufen angewandt werden. Der Erfolg ergibt sich aus der richtigen Dosierung, dem richtigen Zusammenspiel der verschiedenen Komponenten und einer gehörigen Portion Geduld und Beharrlichkeit.

Bekannter als „Fundraising“ ist bei uns der Begriff „*Sponsoring*“. Im Original bedeutet er nichts anderes als Förderung, mag sie altruistisch oder egoistisch gewährt werden. In Deutschland hat dieser Begriff eine Bedeutungsverengung erfahren, die sich aus unserem geltenden Steuerrecht ergibt. Vom Bundesfinanzministerium wird darunter „üblicherweise die Gewährung von Geld oder geldwerten Vorteilen durch Unternehmen zur Förderung von Personen, Gruppen und/oder Organisationen in sportlichen, kulturellen, kirchlichen, wissenschaftlichen, sozialen, ökologischen oder ähnlich bedeutsamen gesellschaftspolitischen Bereichen verstanden, mit der regelmäßig auch eigene unternehmensbezogene Ziele der Werbung oder Öffentlichkeitsarbeit verfolgt werden.“[3]

Nach dieser, bei uns inzwischen maßgebenden Definition umfasst Sponsoring in erster Linie das tendenziell egoistische, mit Unternehmens-Selbstdarstellung verbundene Geben, auch wenn das Wort „üblicherweise“ darauf hinweist, dass

[3] Bundessteuerblatt 98 I 212.

hier noch einiges in Fluss ist, so auch die Würdigung der erklärten Motive des Zuwenders. Entscheidend ist für unsere Zwekke jedenfalls dies: Das geltende Recht gestattet es einem Unternehmen, für sich oder seine Produkte steuermindernd auch dadurch Imagepflege oder Werbung zu betreiben, dass es gemeinnützige oder wohltätige Anliegen unterstützt. Wichtig ist, dass damit das Unternehmen gefördert werden soll, sonst gibt es schon unter dem Gesichtspunkt der Steuergerechtigkeit keinen Grund dazu, die Ausgaben als firmenbezogene Werbungskosten anzuerkennen. Dann muss es spenden. Doch kann ein Unternehmen Spenden nur in viel begrenzterem Maß steuerlich geltend machen.

Völlig neu ist uns das alles freilich nicht. Auch bei uns hat das Spenden Tradition. Es entwickelte sich aus dem religiösen Gebot zur Unterstützung der Armen. Hier fanden die Kirchen seit alters her ein lohnendes Betätigungsfeld, auch wenn sie es, wie wir aus der Geschichte wissen, nicht immer uneigennützig bestellten. Heute jedenfalls wäre unsere Gesellschaft ohne die sozialen Dienste der großen Kirchen kaum überlebensfähig. Die Elternspende, zu der mittlerweile an den meisten Schulen mindestens einmal im Jahr aufgerufen wird, entspringt dem gleichen Ansatz.

Sponsoring kann in ganz unterschiedlichen Ausprägungen gestaltet werden, von dezenten Hinweisen des Sponsors an nicht zu auffälliger Stelle auf geförderten Parkbänken bis zur Übernahme der gesamten Planung und Durchführung einer internationalen Sportveranstaltung mit entsprechend greller Eigenwerbung des Sponsors. Gerade hier zeigt sich aber auch, welche Verwirrung der allzu sorglose Umgang mit der Sprache stiften kann – etwa wenn Bayern München den Autohersteller Opel als seinen Sponsor bezeichnet, nur weil das Firmenlogo die Trikots der teuren Spieler der ersten Fußballmannschaft ziert. Bei einem Sportverein wie Bayern München mit Jahreseinnahmen von annähernd 200 Millionen Mark vermag ich in der Partnerschaft mit Opel keine Förderung des Gemeinwohls zu erkennen, wohl aber die wesentlichen Elemente einer Werbegeschäftsbeziehung. Sponsor klingt halt besser als Werbegeschäftspartner. Im Interesse unserer Ziele und unserer potenziellen Partnerschaften sollten wir das eine von dem anderen unterscheiden können.

Diese Unterscheidung ist nicht zuletzt im Hinblick darauf wichtig, dass viele Sponsoren ihr soziales Engagement eben nicht nur aus rein unternehmensbezogenen, mithin ausschliesslich egoistischen Motiven heraus betreiben. In nicht wenigen Fällen könnten die Zielgruppen ihrer Werbe- oder PR-Strategien ebenso gut auf anderem, klassischem Werbewege oder durch andere Sponsoringmaßnahmen erreichen. Betrachten wir Sponsoringmaßnahmen jedoch unter dem Gesichtspunkt der Entscheidungsträger genauer, also danach, wer die Vereinbarung mit dem oder den Gesponsorten geschlossen hat, so fällt auf, wie häufig sich eine bestimmte Affinität des Entscheidungsträgers zum gesponsorten Anliegen feststellen lässt. Das stützt die These, dass die Sponsoring-Abgrenzung des Bundesfinanzministeriums nach außen Klarheit schafft, nach innen aber, was die Motive des Einzelnen betrifft, wen er womit zu unterstützen oder zu fördern bereit ist, eher verundeutlicht. Als Helmut Maucher, der Chef des Weltkonzerns Nestlé, im vergangenen Jahr von der Republik Österreich einen hohen Orden für das langjährige Engagement des Lebensmittelmultis bei den Salzburger Festspielen erhielt, beeilte er sich, in seiner Dankesrede darauf hinzuweisen, dass dies keine altruistische Wohltat gewesen sei, sondern dass dem hohen finanziellen Einsatz zu Gunsten der Festspiele sehr wohl gesteigerte Umsatzerwartungen gegenüber gestanden hätten. Freilich mag man sich fragen, welchen der unzähligen Nestlé-Massenproduktlinien die Unterstützung dieses elitären, für die Massen viel zu teuren Musikfestivals zu den Umsatzzuwächsen verholfen haben könnte, die den Millioneneinsatz für die Festspiele gerechtfertigt hätte. Weiß man hingegen, dass Maucher als ein begeisterter Musikliebhaber und ausgezeichneter Geiger gilt, versteht man eher, warum Nestlé Salzburg und nicht eine Picasso-Ausstellung oder eine Tina-Turner-Tournee gefördert hat.

Dieser Gedanke lässt sich auch auf den kleineren Aktionsradius einer normalen Schule adaptieren. Hilfe oder Unterstützung aus der Wirtschaft wird ihr auch häufig aus persönlicher Verbundenheit angeboten. Ein Schülervater oder ein ehemaliger Schüler (wenn sich beides in einer Person vereint, ist es fast ideal), dem ein gesundes mittelständisches IT-Unternehmen gehört und der der Schule beim Aufbau eines Multimedia-Lernzentrums mit Rat und Tat, vor allem aber mit Geld und Geräten hilft, tut dies in den seltensten Fällen allein um des PR-Effekts willen. Das mag mit eine Rolle spielen. In erster Linie geht es ihm jedoch darum, „seiner“ Schule oder der Schule seiner Kinder zu helfen – und Anerkennung dafür zu erhalten. Das andere zu regeln, also dafür zu sorgen, dass diese vorbildliche Unterstützung eines erstrangigen gemeinwohlbezogenen öffentlichen Anliegens die Steuerlast so günstig wie möglich beeinflusst, wird dem Steuerberater überlassen.

Public-Private Partnership

Nestlés Förderung der Salzburger Festspiele ist im Übrigen ein gutes Beispiel dafür, was bei uns neuerdings als *Public-Private Partnership* gefeiert wird. Das ist eine Form des Sponsoring, bei der sich der Sponsor über einen längeren Zeitraum an einer Veranstaltung (zum Beispiel eine besonders aufwendige Kunstausstellung) oder Veranstaltungsreihe (z. B. Musikfestival) einer Gebietskörperschaft finanziell beteiligt. Die fortgeschrittenere Variante ist die Vereinbarung einer längerfristigen, thematisch umrissenen Zusammenarbeit zwischen einem Sponsor und einer Gebietskörperschaft, die mehrere Projekte enthalten kann, bei der die Leistungen der Parteien im Voraus recht detailliert festgelegt werden und wo sich der Sponsor nicht selten auch zu inhaltlicher Mitarbeit verpflichtet.

Boochs[4] bringt das Beispiel der Stadt Düsseldorf und der VEBA AG, die 1997 eine solche Partnerschaft eingegangen sind. Damit können die auf längere Sicht geschlossenen Unterstützungsvereinbarungen zwischen Schulen und Unernehmen ebenfalls Public-Private Partnerships sein[5], wobei Art und Ausmaß der inhaltlichen Zusammenarbeit letztlich von der Schule entschieden werden muss, die die Hoheit über ihre inneren Angelegenheiten behalten muss. Hier harrt auch für kreative Schulträger ein ausbaufähiges Feld der Bestellung. Dies gilt vor allem, wenn man sich vergegenwärtigt, dass nicht wenige Unternehmen eine gewisse Verantwortung für die Mitgestaltung des Gemeinwohls für sich in Anspruch nehmen, analog natürlichen Personen (von denen sie ja, das sollten wir für unsere Zwecke nicht aus den Augen verlieren, auch geleitet werden). Das wird neuerdings als Corporate Citizenship[6] bezeichnet. Unternehmen mit einer bereits auf das Gemeinwohl ausgerichteten Unternehmenskultur sind tendenziell eher für innovative, ordentlich konzipierte Sponsoringprojekte zu gewinnen als andere. Ein solches Unternehmen lässt sich darüber hinaus vorzüglich bei anderen, noch zögernden potenziellen Sponsoren als Vorbild verwenden.

Auf die Passform kommt es an

Bei Fundraising und Sponsoring kommt es entscheidend darauf an, dass die Passenden zueinander finden. Wie das funktioniert, gelegentlich auch gegen eine anfängliche Zurückhaltung des als Sponsor oder Spender ins Auge gefassten Partners, kann man sich als Prozess veranschaulichen, der in 12

4 siehe BOOCHS 2000, S. 171.

5 Etwas anderes könnte freilich für die häufig anzutreffenden Vereinbarungen zwischen den privaten Schulfördervereinen und Unternehmen gelten, bei denen der Schulträger außen vor bleibt. Siehe unten: 'Zum Förerverein'.

6 Bei Bruhn 1998, s. S. 20 taucht der Gedanke kurz auf, wird aber noch als 'Corporate Giving' bezeichnet.

Schritten abläuft. Dabei wird sehr schnell deutlich, dass eine aktive, selbstbestimmte Gestaltung unseres Gemeinwesens etwas ganz anderes ist als das, was viele noch heute mit dem Begriff 'Spendenwesen' in Verbindung bringen, ein wie immer geartetes Betteln um Almosen für 'den guten Zweck' oder das bloße Sammeln, Aufbewahren und Verteilen von Geld dafür. Um einen Eindruck davon zu vermitteln, worum es in der Fundraising-Praxis geht, sollen die erforderlichen Schritte hier kurz vorgestellt werden. Ausführlich auf sie einzugehen, würde den Rahmen dieses Beitrags sprengen[7].

- Verankern Sie in sich das richtige Fundraising-Bewusstsein:
  - Haben Sie die richtige innere Einstellung zu Ihrer Aufgabe?
  - Wissen Sie, was auf Sie zukommt, wenn Sie sich dem Fundraising widmen?
  - Ist Ihre Schule, Ihre Vereinigung oder Organisation Fundraisingfähig?

- Formulieren Sie Ihr Anliegen und definieren Sie Ihr Ziel konkret:
  - Wofür steht Ihre Organisation, Einrichtung oder Vereinigung?
  - Warum sind Sie in Ihrem Feld aktiv?
  - Was sind Ihre Ziele? Was wollen Sie in absehbarer Zeit erreichen?
  - Was macht Sie unverwechselbar, einmalig?
  - Werden Sie von Ihrer Außenwelt auch so wahrgenommen?

  Ihr Anliegen muss
  - bewegen;
  - Ihre eigene Organisation und Ihre potenziellen Partner räumlich und zeitlich berühren;

[7] Hierzu ausführlicher Böttcher 1999, S. 175ff.

  - zu einer deutlichen Verbesserung der Verhältnisse führen;
  - mit einem vertretbaren Aufwand und innerhalb einer vertretbaren Zeit lösbar sein;
  - dem Helfenden das Gefühl vermitteln können, etwas Bedeutendes geleistet zu haben.
- Erfassen Sie Ihren Fundraising-Markt:
  - Wer sind die Beteiligten an Ihrem Fundraising-Prozess? Mit wem stehen Sie aus welchen Gründen wie intensiv in Kontakt?
  - In welchem Umfeld bewegen Sie sich mit Ihrer Aufgabe?
- Stellen Sie sicher, dass Ihr Anliegen marktfähig ist:
  - Können Sie für Ihr Anliegen mit der benötigten Unterstützung in Ihrem Markt rechnen?
  - Wie bewerten Sie den voraussichtlichen Nutzen potenzieller Gebergruppen oder Personen für Ihr Anliegen?
- Sie brauchen ein konkretes Projekt:
  - Wie können Ihnen Ihr überzeugendes Anliegen und Ihr geschärftes Marktwissen nun zu Einnahmen verhelfen? (Ihr Anliegen allein ist vielen noch zu abstrakt, um als förderungswürdig zu erscheinen, oder mit anderen Worten, um bei Ihnen schon große Einnahmeerwartungen wecken zu dürfen. Entwickeln Sie ein fassbares Projekt daraus. Legen Sie seinen Nutzen dar – kurz, knapp und überzeugend. Dann arbeiten Sie es aus, so konkret wie möglich, so umfassend wie für Ihren Markt nötig. Denken Sie dabei immer daran: Menschen geben nicht für Probleme Geld, sondern für Problemlösungen.)
- Rekrutieren Sie geeignete Verbündete:
  - Wessen Mitarbeit brauchen Sie, haupt- oder ehrenamtlich, um Ihr anspruchsvolles Projektziel zu erreichen?
  - Wie finden Sie sie und wie binden Sie sie?
- Wählen Sie das richtige Fundraising-Instrument für Ihr Projekt:

  - Welcher Maßnahmen- oder Aktionstyp bringt Ihrem Projekt den größten Ertrag?
  - Welche Durchführungsalternativen stehen Ihnen zur Verfügung?
  - Wie groß wird der Aufwand sein?

- Die gängigen Fundraising-Instrumente sind:
  - der regelmäßige Spendenaufruf
  - die besondere Spendenkampagne
  - die Wohltätigkeitsveranstaltung
  - die individuelle persönliche Ansprache
  - Erbschaftsmarketing
  - Devotionalienvertrieb / Merchandising
  - Bußgeldzuweisungen

  Nachdem Sie sich für einen Typ entschieden haben, führen Sie die Sache mittels Mailing, persönlicher Briefe, persönlicher Telefonaktion, Call-Center-Aktion, Anzeigenwerbung oder/und persönlicher Ansprache durch.

- Optimieren Sie Ihre Organisation:
  - Haben Sie die richtige Organisationsform, um Ihr Projekt zum verdienten Erfolg zu führen?
  - Ist Ihre Geschäfts- oder Leitstelle für das, was auf sie zukommt, technisch und personell gerüstet? Verfügen Sie über eine leistungsfähige EDV?
  - Ist Ihr Team optimal motiviert, qualifiziert und eingewiesen? Ist zum Beispiel genau festgelegt, welches Material wann wofür benötigt wird, wer bis wann welche Aufgaben zu erledigen hat, wer wem verantwortlich ist und was mit den Einnahmen geschieht?
  - Haben Sie Ihre organisatorische und personelle Kompetenz einnahmefördernd transparent gemacht?

- Holen Sie die Zuwendung:
  - Wie gehen Sie vor, um den Zuschlag zu erhalten?
  - Worauf kommt es besonders an?
  - Was müssen Sie vermeiden?

- Danken Sie Ihren Gebern – sofort und aufrichtig:
  - Müssen aufwendige Dankesrituale wirklich sein?
  - Wenn ja, wann?
  - Wie intensiv soll der Dank ausfallen, damit er nicht zu dünn, aber auch nicht überzogen wirkt?
- Machen Sie aus Gebern Freunde:
  - Was kann Ihnen der ganze Dankes- und Pflegeaufwand bei denen bringen, deren Zuwendung Sie ja schon ‘im Sack’ haben?
  - Wie können Sie Ihre Einnahmen kalkulierbarer machen und mit einem vertretbaren Aufwand steigern?
- Evaluieren Sie Ihre Maßnahme:
  - Was hat Sie die Aktion gekostet?
  - Was hat sie Ihnen tatsächlich eingebracht?
  - Hat sich der Aufwand wirklich gelohnt?
  - Welche Konsequenzen ziehen Sie aus dem Ergebnis?
  - (Die Evaluierung ist auch für Ihren Gebermarkt von größter Bedeutung. Jeder Geber will das Gefühl haben, dass seine Zuwendung in guten Händen ist und den maximalen Nutzen stiftet. Kommt auch nur ein leiser Zweifel an Ihrer Kompetenz auf, den Sie nicht sofort gründlich ausräumen können, kann in dem Moment Ihre gesamte Arbeit umsonst gewesen sein.)

Damit hat sich Ihr Fundraising-Kreislauf erfolgreich geschlossen. Nun geht es gleichsam von vorne weiter.

Ein Förderverein macht vieles leichter

Will sich eine Schule ernsthaft in die Fundraising-Arena begeben, kommt sie an einem *Förderverein* kaum vorbei. Der kann auf elegante, unanfechtbare und einnahmefördernde Weise die bremsende Schulbürokratie links liegen lassen. Als eingetragener Verein, der die Personen vereint, die der Schule ideell und finanziell verbunden sind, vor allem die Eltern, ehemalige Schüler und sonstige Förderer und Sponsoren, wirbt er Unterstützung ein, stellt seine Erträge der Schule auf Dauer zur Verfügung und bestätigt den Spendern ihre steuermindernden Zuwendungen. Damit das aber ohne kontraproduktive Reibungsverluste geschehen kann, muss der Verein ordentlich organisiert sein und die Schulleitung, der Vorstand der Elternvertretung und der Vorstand des Fördervereins müssen auf gleicher Welle liegen.

Die Hauptlast der Vereinsarbeit wird üblicherweise von den jeweiligen Eltern getragen, die traditionell auch den Löwenanteil zu seinen Einnahmen beitragen. Hier bahnt sich allmählich ein Wandel an. Wer seinen Förderverein dynamisch betreibt, wird seiner Schule bei der Erarbeitung eines starken, auf die Zukunft gerichteten Profils helfen, um damit aktiv geeignete Sponsoren zu akquirieren. Ganz richtig, eine Schule mit einem starken Profil und einem ordentlichen Fundraising-Konzept kann sich die guten Sponsoren schon heute aussuchen! Erinnern wir uns daran, was den Sport für Sponsoren so nachhaltig attraktiv macht: Leistungswille und Zielstrebigkeit. Das kann eine gute Schule ebenfalls leben und als Botschaft oder besser noch als Profil transportieren. Ein guter Sponsor ist einer, der die Zuständigkeiten und die Fachkompetenz seiner Partnerin Schule akzeptiert und zu starken Standbeinen der Partnerschaft macht. Damit soll übrigens all denen die Berührungsangst genommen werden, die sich davor fürchten, ein Sponsor könnte in die inneren Angelegenheiten der Schule hineinregieren wollen. Die Gefahr besteht nur bei schwachen Schulen, die mit schwachen Sponsoren vorlieb nehmen.

Wichtig ist hier ganz besonders, dass die zuständige Schulverwaltung die Zusammenhänge von Ursache und Wirkung versteht. Der Förderverein will Mehrwert für die Schule – die Schülerinnen und Schüler und den Lehrkörper – schaffen. Wer unter den Behördenvertretern glaubt, Schulen mit besonders erfolgreichen, weil besonders engagierten Fördervereinen die Zuwendungen kürzen zu können, wird bald erleben, dass diesen Fördervereinen plötzlich die Fortüne zu verlassen scheint. Das ist ganz natürlich: Wenn ich merke, dass meine Spende dort, wohin ich sie dediziert habe, keinen Wertzuwachs schafft, sondern lediglich zu einer Umverteilung Anlass gibt, unterlasse ich sofort jede weitere Zuwendung. Dann hat nicht nur die betroffene Schule, sondern auch die zuständige Behörde ein Problem. Glücklicherweise hat sich diese Erkenntnis mittlerweile fast überall durchgesetzt.

Erfolgreich Spenden akquirieren kann der Verein erst, wenn er vom Finanzamt auch als gemeinnützig anerkannt ist. Dann darf ein Spender bei seinem Finanzamt seine Zuwendung an den Verein steuermindernd geltend machen. Bei einem Verein, der die Bildung fördert, sind auch seine Mitgliedsbeiträge von der Steuer absetzbar. Das setzt, neben der Eintragung des Fördervereins im Vereinsregister– nach §§ 52ff. der Abgabenordnung (AO) voraus, dass er die Allgemeinheit – in diesem Fall vermittels Bildungsförderung – selbstlos, ausschließlich und unmittelbar fördert, dass sich dies aus der Satzung ergibt und dass die Geschäftsführung auf ihre Erfüllung tatsächlich ausgerichtet ist. Da die Förderung einer Schule stets die Förderung von Bildung und Erziehung ist, wird damit stets die Allgemeinheit gefördert.

Angesichts der schärfer werdenden Anforderungen der Ämter und Gerichte an die Errichtung und Führung gerade gemeinnütziger Vereine, empfiehlt es sich in jedem Fall, die ausgearbeitete und intern abgestimmte Satzung noch in der Gründungsphase des Vereins vom Registergericht und dem Finanzamt absegnen oder mit konkreten Änderungswünschen versehen zu lassen. So ersparen Sie sich zeitraubende und eventuell kostspielige Satzungsänderungsverfahren, noch bevor der Verein richtig in Gang gekommen ist. Die Gemeinnützigkeitsanerkennung des Vereins wird formlos beim zuständigen Finanzamt beantragt. Die *Gemeinnützigkeit* wird immer für drei Jahre anerkannt. Sie ist dann wieder neu zu beantragen. Der gemeinnützige Verein ist von der Mehrwertsteuer befreit, soweit seine Aktivitäten der unmittelbaren Erfüllung seiner satzungsgemäßen Aufgaben dienen. Erlöse aus einem Basar oder Bewirtungseinnahmen bei einem großen Vereinsfest sind steuerpflichtige Einnahmen aus einem wirtschaftlichen Geschäftsbetrieb. Der gemeinnützige Verein darf für Spenden und Mitgliedsbeiträge Zuwendungsbestätigungen erteilen.

Literatur

BÖTTCHER, JENS-UWE: Sponsoring und Fundraising für die Schule. Ein Leitfaden zur alternativen Mittelbeschaffung. Neuwied, Kriftel 1999.

BRUHN, MANFRED: Marketing. Grundlagen für Studium und Praxis. 3. Auflage. Wiesbaden 1998.

BRUHN, MANFRED: Sponsoring. Systematische Planung und integrativer Einsatz. 3. Auflage. Frankfurt / Wiesbaden 1998.

BRÜCKNER, MICHAEL / PRZYKLENK, ANDREA: Sponsoring. Imagegewinn und Werbung. Wien, Frankfurt 1998.

BRÜCKNER, MICHAEL / SCHORMANN, SABINE: Sponsoring-Kompass. Heidelberg 1996.

BURENS, PETER-CLAUS: Der Spendenknigge. München 1998.

HAIBACH, MARITA: Handbuch Fundraising. Spenden, Sponsoring, Stiftungen in der Praxis. Frankfurt, New York 1998.

ULRIKE LEXIS

„Wirtschaft in die Schule!“ – ein innovatives Bildungsprojekt in Nordrhein-Westfalen

Zur Situation ökonomischer Bildung

„Mäßige Noten für den Musterschüler“ (gemeint war Deutschland), „Deutschlands Bildungssystem fällt zurück“, „Lückenbildung“; so oder so ähnlich titeln viele Zeitungen jedes Jahr von neuem, wenn z. B. die neuen OECD-Kennzahlen[1] erscheinen. Neuerdings finden sich Artikel über Bildungspolitik in Wirtschaftsblättern ebenso wie im Feuilleton oder im Mantelteil der großen und regionalen Zeitungen. Bildungspolitik ist endgültig vom Experten- zum Generalthema avanciert.

Der sich vollziehende Wandel in Wirtschaft und Gesellschaft zeigt, dass Volkswirtschaften, die im Strukturwandel zunehmend auf den personalintensiven Dienstleistungsbereich setzen und in „Humankapital“ investieren, im internationalen Vergleich vorne liegen. Entwicklung und Zukunft des Einzelnen wie auch ganzer Volkswirtschaften hängen zunehmend vom Engagement für Bildung und Wissen ab. Die bildungspolitische Diskussion ist neu entfacht, weil der Übergang von einer Industrie- zu einer Wissensgesellschaft nicht ohne bildungspolitische Innovationen zu meistern und letztere nicht ohne kräftige Investitionen zu bekommen sind.

[1] Bildungspolitische Analyse, OECD 1999 sowie Bildung auf einen Blick – OECD Indikatoren 1998, beide Paris.

Im globalen Wettbewerb kommt es heute nicht nur auf einen einmal erreichten Humankapitalbestand einer Wirtschaft an; gefragt ist vielmehr die kontinuierliche, d.h. den Menschen lebenslang begleitende Leistungsfähigkeit des Bildungssystems. Wichtig ist, die Begabungen der Menschen zu fördern, sie zu lebenslangem Lernen zu befähigen und ihnen eine solide Allgemeinbildung zu vermitteln. Dazu gehören heutzutage neben grundlegenden Kulturtechniken auch wirtschaftliches Wissen und entsprechende Schlüsselqualifikationen. Erst zusammen versetzen sie den Einzelnen in die Lage, sein Leben als Wirtschafts- und Staatsbürger eigenverantwortlich zu gestalten und sich für die Gemeinschaft zu engagieren.

Der gegenwärtige wirtschaftliche und gesellschaftliche Wandel erfordert nicht nur bei den Verantwortlichen in Politik und Wirtschaft, sondern auch bei den Bürgern – insbesondere bei der jungen Generation – ein Engagement, das auf Akzeptanz, Verständnis und Kenntnis der Prämissen unserer Sozialen Marktwirtschaft und der engen Wirkungszusammenhänge zwischen Wirtschaft und Gesellschaft aufbaut. Unkenntnis der grundlegenden Funktionsweisen dieser Wirtschaftsordnung und Unsicherheit über die eigene Rolle führen bei vielen Menschen zu Desinteresse, Ängsten und letztlich zu einem Akzeptanzverlust der Wirtschafts- und Gesellschaftsordnung. Auch wenn die marktwirtschaftliche Ordnung heute als alternativlos gilt, ist es gleichwohl wichtig, auf die ethische Qualität der Marktwirtschaft hinzuweisen.[2] Die Marktwirtschaft hat sich nicht nur im Systemwettbewerb als überlegen gezeigt, sie (bzw. die Institutionen und Regelwerke, die sie konstituieren) erfüllt auch hohe moralische Ansprüche. Dies zu verstehen erfordert jedoch eine nachhaltige Auseinandersetzung mit ihrer Funktionsweise und ihren wesentlichen Institutionen.

Die zunehmenden Flexibilitätsansprüche an Arbeitnehmer (aber auch an Unternehmer) erhöhen die beruflichen Anfor-

[2] Siehe dazu „Markt mit Moral“, Gütersloh 1998.

derungen und führen zu wachsender Unsicherheit im Hinblick auf die Ausbildungs- und/oder Studienentscheidungen von Jugendlichen und spätere berufliche Entscheidungen. Sie müssen sich vermehrt fragen, welches Basiswissen sie zu welcher Zeit in ihrem Leben erwerben müssen, welche speziellen Kenntnisse sie darüber hinaus später fallweise werden ergänzen können. Die Bedingungen des Arbeitsmarkts ändern sich schneller als die Bildungs- und Ausbildungsinhalte, auch wenn das Innovationstempo der inhaltlichen Reformen (z. B. bei der Definition neuer Ausbildungsberufe) enorm zugenommen hat. Signale, die der Arbeitsmarkt dem Berufswähler beispielsweise beim Eintritt in einen Ausbildungsberuf gesendet hat, mögen bei Ablegen der Prüfung schon hinfällig sein. Noch deutlicher ist dies bei einem Studium; ist zu Beginn desselben noch der Beruf des Informatikers überbesetzt, die Berufschancen schlecht und die Studienplätze entsprechend nicht gefragt, mag zum Ende des Studiums Informatik schon wieder zum Mangelfach geworden sein, wie es gegenwärtig zu beobachten ist (Green Card).

Mehr denn je muss Schule die Grundlage für vielfältige Lebenswege legen. Schulbildung muss für immer weiter auseinanderliegende berufliche Spezialausbildungen einen sinnvollen Ausgangspunkt darstellen. Daraus wird das Fazit gezogen, dass Bildung zukünftig wieder breiter definiert werden muss. Hierfür sprechen auch Bemühungen in einzelnen Bundesländern, den Fächerkanon für das Abitur wieder breiter zu definieren und höhere Pflichtbestandteile in den „Hauptfächern" einzuführen. Dennoch wird es erforderlich sein, neu zu definieren, was Allgemeinbildung ist. Sicher ist: ohne wirtschaftliche Grundbildung wird dies m. E. nicht gehen. Sie muss zur Grundausrüstung eines jeden Staats- und Wirtschaftsbürgers gehören und zwar unabhängig von der tatsächlichen Berufsentscheidung der Schülerin oder des Schülers, zumal eine einmal getroffene Berufsentscheidung keine endgültige sein muss und ohne wirtschaftliche Grundkenntnisse heute weder ein Arzt noch ein Handwerker oder ein Hochschulprofessor auskommen.

Jeder handelt wirtschaftlich – jeder ist ein wirtschaftlicher Akteur:

Ein entscheidendes Argument für „mehr Wirtschaft in die Schule" ist die Tatsache, dass jeder Mensch in seinem Leben als Konsument, Anbieter von Arbeit oder evtl. sogar als Nachfrager von Arbeit, als Sparer, als Investor, als Importeur oder als Exporteur immer wieder selbst wirtschaftlich handelt und somit wirtschaftliche Kenntnisse schon immer unbewusst die Basis seiner Entscheidungen bilden. Heute gilt zunehmend, dass selbst eine demokratische Wahl hauptsächlich von wirtschaftlichen Entscheidungen / Programmen bzw. deren Interpretation abhängt. Jeder trifft täglich unzählige Wahlentscheidungen, die Opportunitätskosten enthalten – ein Tatbestand, der vielen Bürgern nicht bewusst ist, sei er Staatsbürger, sei er moderner Wirtschaftsbürger. Der geschulte Wirtschaftsbürger kann nicht nur seine Rechte besser in Anspruch nehmen und seine Marktmacht gezielter einsetzen (z. B. als Konsument), er ist als informierter Kunde, als selbstbewusster Jungunternehmer oder als Arbeitnehmer fremden Interessen weniger ausgeliefert, indem er sich seine Meinung selbst bilden kann.

Kritik am Bildungswesen

In den letzten Jahren ist die Kritik an der Qualität unserer schulischen und universitären Ausbildung immer lauter geworden: Die Unternehmen beklagen nicht selten das lückenhafte Wissen ihrer Auszubildenden und die mangelnde Qualifikation der Hochschulabsolventen. Pädagogische Ausbildung findet mangels Berufsbezug der Lehrerausbildung oftmals am Bedarf und an der schulischen Realität vorbei statt. Schulen und Universitäten fühlen sich angesichts dieser Kritik überfordert, politisch vernachlässigt und unterfinanziert. Private Konkurrenz, insbesondere im Hochschulbereich, macht sich diese Situation zunehmend zunutze.

Lerninhalte und -methoden

Die neu entstehenden akademischen und beruflichen Herausforderungen zwischen den Grenzen des klassischen Fächerkanons der Schulen und Universitäten verlangen ein neues projektorientiertes und interdisziplinäres Lernen. Beispielsweise muss das Fachwissen der Biologie mit dem der Chemie und der Ethik, das der Mathematik mit dem der Elektronik und das der Soziologie mit dem der Wirtschaftskunde verknüpft werden können. Durch *fachübergreifendes Lernen* in wechselnden Teams kann dafür die allgemeine Lern- und Sozialkompetenz der Schüler und Studenten erhöht werden.

Fazit

Ökonomische Bildung muss also verstärkt werden. Insbesondere gilt dies für höhere Schulabschlüsse, also für das Gymnasium. Denn es gilt immer noch: je höher der Schulabschluss, desto geringer die Anteile an ökonomischer Bildung, die den Schülern angeboten werden.

Das Projekt „Wirtschaft in die Schule!“

Angesichts der vorstehenden Problemanalyse wollen die Bertelsmann Stiftung, die Heinz-Nixdorf-Stiftung und die Ludwig-Erhard-Stiftung im Zusammenwirken mit dem Ministerium für Schule und Weiterbildung, Wissenschaft und Forschung des Landes Nordrhein-Westfalen der Entwicklung in Wirtschaft und Gesellschaft Rechnung tragen und wirtschaftliche Inhalte im Unterricht der gymnasialen Oberstufe akzentuieren.

Ihr gemeinsames Pilotprojekt „Wirtschaft in die Schule!“ begreift sich selbst als Beitrag zu einer bildungspolitischen Innovation. In dem über viereinhalb Jahre laufenden Pilotprojekt werden neben Zielen und Inhalten eines Curriculums „Wirtschaft“ in diesem Zusammenhang auch didaktische, bildungstheoretische und bildungspolitische Fragen aufgeworfen, wie z. B. inhaltliche Schwerpunkte in die vorhandenen Lehrpläne eingesetzt und eventuell aktualisiert werden können.

Eine von den Stiftungen zur Verbesserung der Datengrundlage in Auftrag gegebene Lehrplananalyse[3] der Universität Siegen kommt bei der Analyse sämtlicher Lehrpläne sozialwissenschaftlicher Fächer in allen 16 Bundesländern zu dem Schluss, dass *ökonomische Inhalte* häufig auf mehrere Fächer verteilt sind und dass die Anteile und Qualität der Vorgaben sich erheblich unterscheiden. Die Palette reicht von vollständigen Fächern (etwa „Wirtschaft und Recht" in Bayern) über Integrationsfächer wie z. B. „Sozialwissenschaften" in Nordrhein-Westfalen bis hin zu einem völligen Fehlen verpflichtender ökonomischer Inhalte in Schleswig-Holstein (dort gibt es allerdings Wirtschaftsgymnasien). Die Vorarbeit, die das Projektcurriculum also nicht nur für die Curriculumforschung, sondern auch für die konkrete Arbeit an neuen Lehrplänen leistet, ist nicht gering zu veranschlagen, da ein stringenter Ökonomie-Lehrplan meist nicht nur in der Praxis, sondern auch in der didaktischen Theorie fehlt.

Das Fach Sozialwissenschaften in NRW

Dem Fach Sozialwissenschaften in NRW liegen die drei universitären Bezugsdisziplinen Soziologie, Politologie und Ökonomie (mit der Betonung auf der Volkswirtschaftslehre) zugrunde. Das Schulfach krankte in der Praxis immer daran, dass es keine überzeugende Didaktik für das integrierte Fach gab. Somit wurden oft additiv Themen hintereinandergereiht, deren Zusammenhang und Bezug aufeinander aber vernachlässigt. Die wissenschaftliche Methodologie der Soziologie kam z. B. im Bereich „Soziale Gruppe" vor, die politische Theorie beim Thema „Demokratietheorie" und die ökonomi-

[3] Siehe „Wirtschaft in der Schule" (Lehrplananalyse), Schlösser / Weber, Gütersloh, 1999.

sche klassischerweise bei der Behandlung der Geldpolitik. Dass man die Demokratie als Staatsform etwa mit den Analysetools der Politischen Ökonomie, die soziale Gruppe „privater Haushalt“ z. B. auch mithilfe der Theorien über das Konsumentenverhalten aus der Ökonomie untersuchen könnte, war nicht vorstellbar. Dabei sind es gerade die Gemeinsamkeiten der Sozial- bzw. Gesellschaftswissenschaften, die isolierte Betrachtungsweisen unsinnig erscheinen lassen.

Inhalte des Pilotprojekts

Für das Pilotprojekt „Wirtschaft in die Schule!“ ist in Zusammenarbeit mit dem Institut für Ökonomische Bildung (IÖB) der Universität Oldenburg ein *Curriculum* Ökonomie im Fach Sozialwissenschaften entwickelt worden. Es orientiert sich an dem Lehrplan Sozialwissenschaften für die gymnasiale Oberstufe der Klassen 11 bis 13 in Nordrhein-Westfalen, geht aber hinsichtlich der ökonomischen Inhalte darüber hinaus. Dieses wird von den eingerichteten Projektarbeitsgruppen Evaluation, Inhalt und Medien konstruktiv und kritisch bewertet (Besetzung: Praktiker aus der Schule, Wissenschaftler und Vertreter der Schulverwaltung).

Das Curriculum besteht aus fünf Themenblöcken (den sog. Grundeinheiten: „Der Private Haushalt“, „Der Betrieb / Das Unternehmen“, „Die Wirtschaftsordnung“, „Der Staat“, „Das Ausland“), die jeweils verpflichtender Lehrstoff in den Projektschulen sind und die über das übergreifende Thema „Die Wirtschaftsordnung“ als Referenzrahmen zusammengeklammert und in einen systematischen Zusammenhang gebracht werden. Jede Grundeinheit enthält zwischen drei und neun vertiefende Einheiten, aus denen der Lehrer bzw. die Lerngruppe auswählen kann. Erfahrungsgemäß „schafft“ ein Grundkurs zwei bis drei vertiefende Einheiten pro Halbjahr, ein Leistungskurs vier bis fünf. Jeder inhaltliche Block durchläuft anschließend eine Revisionsphase, in der das Lehrer- und Schülerfeedback sowie vorliegende Evaluationsergebnisse aufgenommen werden. Das bedeutet, von Lehrern eingeführtes zusätzliches Material wird aufgenommen, anderes Material ggf. aktualisiert, aussortiert oder gekürzt, Aspekte ergänzt.

Im Fach Sozialwissenschaften lassen sich – so das Verständnis der Projektinitiatoren – besonders gut die gegenseitigen Abhängigkeiten (Interdependenzen) von Politik, Wirtschaft und Gesellschaft zeigen. Prämissen, Gesetzmäßigkeiten, Axiome, Ordnungsstrukturen und Theorien können zusammenhängend untersucht und analysiert werden. Die Grenzen jeder einzelnen Bezugsdisziplin können überschritten und um die Aspekte der Nachbarwissenschaft ergänzt werden.

Der hier zugrunde gelegte Ökonomiebegriff umfasst wesentlich mehr, als eine universitäre Definition von VWL oder BWL es zulassen würde. Es ist ein sozialwissenschaftlich geprägter Ökonomiebegriff, der seinem Wesen nach angrenzende Bereiche mit einbezieht und somit der geeignete Referenzrahmen für ein integriertes Fach Sozialwissenschaft in der gymnasialen Oberstufe in Nordrhein-Westfalen werden kann. Nach der festen Überzeugung von Projektinitiatoren und Autoren ist die heutige Wirtschafts- und Gesellschaftsordnung mit ihren vielen Problemlagen, ihren Wirkungszusammenhängen und Unzulänglichkeiten nicht zu erfassen, wenn „fachlich reine" Erklärungsmuster nur aus der VWL oder der BWL oder der Politologie genommen werden. Der Realität kommt man nur auf die Spur, wenn man Fächergrenzen überschreitet, allerdings auf der Basis von solide erworbenen Grundkenntnissen.

Die Möglichkeit der Überschreitung der engen Grenzen von VWL und BWL liefert dabei die Institutionenökonomik. Konsequent angewendet kann sie das Problem des integrierten Faches Sozialwissenschaften mindern, das in der Praxis darin besteht, einzelne Teildisziplinen integriert zu unterrichten: Die Institutionenökonomik ist von ihrer grundsätzlichen Ausrichtung her geeignet, realitätsnähere wirtschaftliche

Sachverhalte mit ihren politischen und sozialen Dimensionen z. B. Mithilfe der property rights Analyse, des Transaktionskostenansatzes und der agency theory zu untersuchen.[4]

Die Autoren der Unterrichtsbausteine betrachten die sozioökonomischen Themen zwar aus einer wirtschaftlichen Perspektive, was sich z. B. in der Gliederung der Themen nach den volkswirtschaftlichen Sektoren Privater Haushalt, Betrieb, Staat und Ausland zeigt, öffnen aber Fenster in die angrenzenden Wissenschaften der Politologie und der Soziologie – sie kommen bei ihren Ausarbeitungen auch nicht völlig ohne Rückgriffe auf juristische Sachverhalte aus.

So wird auch der Umgang mit mathematischen Symbolen und Modellen geübt und wissenschaftspropädeutisches Arbeiten erlernt. Modelle, Theorien und Symbole werden aber an der Realität gemessen. Zum Beispiel wird das für die ökonomische Theorie wichtige Analysekonzept des „homo oeconomicus" eingeführt, erläutert und benutzt, aber immer wieder mit realen Entscheidungssituationen im wirtschaftlichen Alltag konfrontiert, die teilweise durch soziologische oder politikwissenschaftliche Ansätze (wie z. B. beim Thema „der jugendliche Konsument" das soziologische Bezugsgruppen- und Meinungsführermodell) verständlicher werden. Eine rein theoretische Betrachtung und der dadurch entstehende Realitätsverlust verbietet sich also von selbst.

Diese inhaltliche Lehrplan-Innovation wird – nach ersten Ergebnissen der externen Evaluation – nicht nur von den beteiligten Stiftungen für überfällig gehalten, sondern auch von den befragten Eltern und Schülern. In einer Elternbefragung durch die Evaluatoren der Universität Paderborn erklärten fast 90 Prozent der Eltern, dass wirtschaftliche Themen verstärkt behandelt werden sollten.

---

[4] Vgl. Kaminski, Hans „Neue Institutionenökonomie in der ökonomischen Bildung", Arbeitspapier 4, Wirtschaft in die Schule!, Gütersloh 1998, Erprobungsfassung.

Zur Überraschung vieler sind auch die Schüler dieser Meinung: 99 % der befragten Projekt-Schüler gaben an, dass eine Schwerpunktbildung „Wirtschaft“ im sozialwissenschaftlichen Unterricht sinnvoll ist. Wirtschaftliche Inhalte bilden eine Seite der Medaille – auf der anderen Seite findet man zunehmend Unternehmen, die sich direkt an Schulen engagieren. Hierzu wird allerdings in der Befragung von 24 % der Befragten gefordert, dass die Schule ein von wirtschaftlichen Interessen freier Raum bleiben muss. Bemerkenswerte 45 % stimmen dieser Aussage „nicht“ bzw. „gar nicht“ zu.

Verfahren und Arbeitsweisen

An dieser Stelle ist eine Bemerkung wichtig, die sich auf das Verfahren der Curriculumentwicklung bezieht: nicht nur die Inhalte des sozialwissenschaftlich geprägten Curriculums „Ökonomie“ sind als Innovation zu bezeichnen, sondern das *Curriculum* wird von einer Universität und einer Lehrergruppe zusammen entwickelt und erprobt. In der Revisionsphase, in der es um die Anpassung der Materialien an die schulische Realität geht, übernimmt jeder Lehrer die Patenschaft für Unterrichtseinheiten. Er überarbeitet sie zusammen mit dem wissenschaftlichen Institut an der Universität Oldenburg im Lichte der Erkenntnisse der Evaluation und seiner eigenen sowie der Erfahrungen der Kollegen des Pilotprojektes. Der Vorteil dieses Verfahrens liegt auf der Hand: Lehrpläne entstehen nicht – für viele kaum nachvollziehbar – in eigens dafür zusammengestellten Expertengruppen, sondern unter Beteiligung von Lehrern und Schülern. Außerdem wird das „Themengerüst“ durch die Materialienauswahl illustriert und interpretiert. Die Lehrpläne bleiben daher zwar offen, in dem Sinne, dass jeder Lehrer gutes Material hinzufügen oder übergehen kann und Exkurse unternehmen kann, sie bieten aber Orientierungslinien für jene, die dies nicht wollen.

In den sieben ausgesuchten Projektschulen passen die Lehrerinnen und Lehrer die vorgeschlagenen Inhalte an die Bedingungen an ihrer Schule an und setzen die Unterrichtsinhalte dann in den Zeitplan der Grund-, Leistungs- und Zusatzkurse um. Es entstehen so sieben im Detail und vom Zeitbedarf her unterschiedliche Halbjahrespläne, die in den wesentlichen Bestandteilen vergleichbar sind. Zentrale Inhalte sowie Schwerpunktmethoden werden bei einzelnen Themen von allen Lehrern nach Möglichkeit in ihren Umsetzungen übernommen.

Methode

Es geht jedoch nicht nur um eine Curriculumentwicklung, sondern auch um die Unterstützung bei der Umsetzung dieses innovativen Vorhabens. Die beteiligten Lehrkräfte sind in den Projektarbeitsgruppen (Inhalt, Medien, Schule, Evaluation), wie erwähnt, direkt an der Entwicklung der Unterrichtsinhalte beteiligt und werden parallel projektbegleitend fortgebildet. Die Projektseminare umfassen sowohl fachdidaktische wie auch fachwissenschaftliche Bausteine sowie die Erprobung von Medien und Methoden. Die zu den Unterrichtseinheiten gehörenden Materialien wie Printmedien, Fernseh- und Hörfunkangebote, Filme und computergestützte Planspiele[5] werden ebenfalls extra für das Projekt von externen Partnern entwickelt und Schülern wie Lehrern zur Verfügung gestellt.

Unterrichtsmethodisch bietet das Projekt eine ganze Reihe von Anregungen, die auf den jeweiligen Inhalt abgestimmt sind. Je nach behandeltem Thema werden Betriebserkundungen, Fallstudien, Expertenbefragungen, Rollenspiele oder auch Textarbeit empfohlen. Der gewählte handlungsorientierte Ansatz bedeutet dabei nicht nur, dass Schüler aktiv werden (handeln), sondern auch, dass dieses Handeln von ihnen reflektiert wird. Handlungen und Beobachtungen werden mit

[5] Do it! Ein Planspiel zur Existenzgründung, Heinz Lothar Grob et al. Gütersloh, 2000. Bilanz & Co, multimediales Rechnungswesenprogramm, Heinz Lothar Grob et al. Gütersloh 2000.

dem Lerngegenstand selbst in Verbindung gebracht – die theoretische Ebene wird durch eigenes Erleben ergänzt, die Strukturen und Grundlagen unseres Wirtschaftssystems sowie die darin angelegten Interessenkonflikte und Probleme werden selbständig erarbeitet. Das Erlernte wird dadurch lebendiger und für den Schüler authentisch. Das Projekt bietet darüber hinaus Planspiel-Einheiten („Do it!“, ein Planspiel zur Existenzgründung sowie „Bilanz & Co“, ein multimediales Rechnungswesenprogramm) an, die die Sozial- und Medienkompetenz der Schüler unterstützen sollen, aber auch als spielerische Motivation verstanden werden können.

Das für das Pilotprojekt in Auftrag gegebene computergestützte Planspiel „Do it!“ verfolgt sowohl fachliche wie auch soziale Ziele. Ausgehend von einer Kreativitätsphase zur Erfindung des Produktes vermittelt es spielerisch und ganzheitlich Einsichten über die Probleme bei der Existenzgründung eines Unternehmens, von der Produktidee über die Finanzierung (hier wird ein Kreditgespräch bei einer Bank benotet) bis hin zu Marketingstrategien. Die Schüler arbeiten hier nicht allein vor dem Computer, sondern haben nur Erfolgschancen, wenn sie zusammenarbeiten, sich austauschen und kommunizieren. „Sozialkompetenz“ wird hier an einer konkreten Aufgabe geübt. Das ereignisorientierte Planspiel kann schon mit nur einem PC gespielt werden, der nicht das zentrale Moment des Planspiels darstellt, sondern zur Generierung der „Ereignisse“ gebraucht wird.

Die Schülerbefragung ergab dabei, dass Schüler die Arbeit mit Fallbeispielen am hilfreichsten finden (38 % bezeichneten sie als sehr hilfreich, 46 % als hilfreich). Auch die Arbeit mit Zeitungsartikeln und eigene Internet-Recherchen kommen bei den meisten Schülern gut an. Weit weniger beliebt ist die Arbeit mit Fachtexten – 43 Prozent bezeichnen diese als keine oder sogar gar keine Hilfe. Auch ist bei Schülern keine Ermüdung im Bereich der Gruppenarbeit zu verspüren: 70 Prozent bezeichnen diese als große oder gute Hilfe.

Medien[6]

Nach Vorstellung der Projektinitiatoren soll zur Vorbereitung auf die neue Lebens- und Berufswelt ein Großteil des Unterrichts am Computer erfolgen. Die Vertrautheit mit den neuen Medien und der Umgang mit dem PC ist inzwischen in einigen Projektschulen zur Selbstverständlichkeit geworden – in Zukunft gehört er wie das Lesen und Schreiben auch zu den grundlegenden Kulturtechniken. In den Familien der Schüler scheint dies schon Realität zu sein: Fast 90 % der Jugendlichen verfügen nach Angaben der Eltern über einen Zugang zu einem PC. 37,8 % der Jugendlichen besitzen demnach einen eigenen PC, weitere 50,7 % haben Zugriff auf einen Familien-PC.

Das Projekt wählt eine Arbeitsweise, die für sozialwissenschaftliche Fächer bisher nicht üblich war. Es bietet eine Vielzahl sinnvoller Einsatzmöglichkeiten von „Internet und Co". Zu diesem Zweck wurden die Schulen auf einen gemeinsamen technischen Stand gebracht, der einen konstruktiven Austausch untereinander sowie Kontakt nach außen mit dem Internet ermöglicht. Sowohl die Phase der Ausstattung der Schulen (z. B. die Auswahl geeigneter Software, aber auch Hardware), als auch die Einbindung der Computerarbeit in den Unterrichtsalltag eines bisher „computerfernen Faches" hat sich als schwierig erwiesen. Dies liegt einerseits am 45 Minuten Rhythmus und anderen vielfältigen organisatorischen Problemen in den Schulen, die einem flexiblen Umgang mit Technik im Wege stehen. Beispielhaft genannt sei hier die Schwierigkeit, kontinuierlich ansprechbare Netzadministratoren zu finden, die schulgeeignete Software zu finden oder auch nur die Nutzungszeiten des Computerraums effizient zu regeln.

---

[6] Vgl. Medienkonzept, Arbeitspapier 2, „Wirtschaft in die Schule!", Gütersloh 1999, Erprobungsfassung

Auch stellt die Unsicherheit der Lehrer im Umgang mit der neuen Technologie nach wie vor eine Schwierigkeit dar. Dazu kommt, dass es immer noch als Privileg der naturwissenschaftlichen Fächer sowie der Fächer Mathematik und Informatik gilt, den Computerraum einer Schule zu benutzen. Hier hat sich erwiesen, dass ein kostengünstiges und organisatorisch sowie personell wenig aufwendiges Konzept am sinnvollsten ist: Eine Lehrperson wird mit einem Laptop ausgestattet, die Schule bekommt dazu einen Beamer. So wird ein ganzer Klassenraum nutzbar, das Internet kann zum Nachschlagen oder für kurzfristige Recherchetätigkeiten sowie Referatpräsentation genutzt werden. Außerdem kann die Lehrperson auf ihrem persönlichen Laptop Unterricht inhaltlich und medial vorbereiten.

Nachvollziehbare Konzepte oder Unterrichtseinheiten, die die neuen Medien in Sozialwissenschaften einbeziehen, gibt es so gut wie keine, dabei eignen sich wirtschaftliche Inhalte ausgesprochen gut zur Nutzung des Internets. Nicht nur die Wirtschaftspresse ist abrufbar; statistisches Material sowie internationale Organisationen stellen ihre Daten im Internet zur Verfügung. Das Gebiet der Wirtschaft öffnet sich über das Internet! Bei Berücksichtigung der Aktualität – ein Problem, das für viele Lehrer lange Zeit nur über Kopien aus Zeitungsartikeln zu bewältigen war – ist das Internet dem Schulbuch überlegen, es bietet überragende Vorteile in Vorbereitung und Durchführung von Unterrichtseinheiten.

Eigene Recherchen der Schüler führen zu einer Überfülle aktuellen Materials einerseits, aber auch zu kritischer Auseinandersetzung mit dem Medium Internet andererseits. Der Schüler lernt im Idealfall effiziente Suchstrategien.

Eine andere Möglichkeit der Integration von E-Mail und Internet ist der Aufbau einer Partnerschaft mit ausländischen Schulen. Das Projekt „Wirtschaft in die Schule!“ empfiehlt eine geleitete Kontaktaufnahme per E-Mail mit Schülern aus Transformationsökonomien (z.B. Russland). Hier sollen nicht nur internationale Aspekte von Wirtschaft beleuchtet werden (z. B. Vergleiche mit den ordnungspolitischen Regelwerken in den USA, Großbritannien und Deutschland), sondern auch fremdsprachliche und kulturelle Aspekte spielen eine Rolle. Ein fachübergreifender Unterricht bietet sich an dieser Stelle an. Man kann hoffen, dass durch solche Bausteine Toleranz und Verständnis für andere Kulturen wachsen.

Evaluation[7]

Das Pilotprojekt wird begleitet von einer formativ-qualitativen wissenschaftlichen *Evaluation*. Sie soll helfen, Fehler und Mängel bei Inhalten, Methoden oder Arbeitsweisen noch während der Projektlaufzeit zu beheben. Die Evaluation wird mittels Dokumentenanalysen, Interviews und schriftlichen Befragungen bei Schülern und Lehrern durchgeführt. Nach jeder Unterrichtseinheit werden die Unterrichtsbausteine von den Lehrern in Bewertungsbögen beurteilt, kritische Unterrichtseinheiten werden daraufhin entweder neu bearbeitet oder eventuell ganz aus dem Programm genommen.

Am Ende der Erprobungsphase steht ein getestetes Curriculum, das ganz oder in Teilen von den Lehrerinnen und Lehrern in den Kursen, unabhängig von anderen Bausteinen, unterrichtet werden kann.

Zu hoffen ist, dass der Austausch der beteiligten Einrichtungen und Schulen sich untereinander so gestaltet, dass er auch über das Projekt hinaus lebendig bleibt. In den mehr als vier Jahren entsteht ein Netzwerk, das Erfahrungen und Erkenntnisse als Basis für die sich anschließenden Schritte entstehen lässt. Erste Schritte erleichtert dabei die Kommunikation über das Internet. Der mittlerweile eingerichtete E-Mail-Verteiler lebt und atmet; am Tag verschicken und empfangen die 20 Lehrer des Projektes durchschnittlich 5–10 Mails mit Hin-

[7] Vgl. Franz-Josef Kaiser, „Evaluationsdesign“, Gütersloh 1999 Erprobungsfassung.

weisen auf didaktisches Material oder andere Unterrichtshilfen.

Das umfangreiche Methoden- und Materialienangebot wird nach der erfolgreichen Pilotphase des Projektes im Juni 2002 in der sich anschließenden Umsetzungsphase von zwei bis vier Jahren einer breiten Öffentlichkeit präsentiert und anderen gymnasialen Oberstufen in Nordrhein-Westfalen sowie in anderen Bundesländern vorgestellt und zur Umsetzung angeboten.

Bertelsmann Stiftung: http://www.stiftung.bertelsmann.de

Institut für Ökonomische Bildung, Universität Oldenburg: http://www.ioeb.uni-oldenburg.de/de/projekte/wis/kurz.html

Weitere Projekte zum Thema Schule und Wirtschaft unter: www.netzworkshop.de

GERHARD H. DUISMANN /
HELMUT MESCHENMOSER

Schülerfirmen – ein Modell zur Förderung von benachteiligten Jugendlichen

Schülerfirmen werden seit einiger Zeit vermehrt, aber mit höchst unterschiedlichen Motiven eingerichtet. So fördert beispielsweise das Projekt „Junior“ des Deutschen Institutes für Wirtschaft zeitlich befristete Vorhaben, die überwiegend an Gymnasien und Realschulen außerhalb der Unterrichtszeit in freiwilligen Arbeitsgemeinschaften stattfinden. Abweichend von diesen u.a. durch die Tagespresse bekannten Ansätzen zur Förderung ökonomischer Bildung werden zunehmend – aus gänzlich anderen pädagogischen Intentionen – Schülerfirmen für so genannte benachteiligte Heranwachsende, vorwiegend an Haupt- und Sonderschulen, eingerichtet. Dies erfolgt häufig im Rahmen von Initiativen zur Schulentwicklung, der Profilbildung sowie zur Sicherung der Schulqualität. Damit verbunden werden weitreichende pädagogische und didaktische Intentionen und Erwartungen, die auf die Schul- und Unterrichtsorganisation und auf das Lehren und Lernen insgesamt erhebliche Auswirkungen haben.

In diesem Kontext sind vielfältige Fragen aufgeworfen, für die die Antworten zum großen Teil noch ausstehen: Welche konkreten, pädagogisch begründeten Erwartungen werden mit der Einrichtung von Schülerfirmen verbunden? Welche organisatorischen Bedingungen sind zu berücksichtigen, damit die Heranwachsenden noch besser auf die gegenwärtige und zukünftige Lebens- und Arbeitswelt vorbereitet werden? Worin unterscheiden sich Schülerfirmen von anderen Unterrichtskonzepten zu Arbeit, Technik, Wirtschaft und Haushalt (beispielsweise im Fach Arbeitslehre)? Wie lässt sich die mit den Intentionen notwendig verbundene pädagogische Qualität einer *Schülerfirma* sichern? Welche Qualitätsmerkmale stehen aus (sonder-)pädagogischer (fach)didaktischer Sicht im Vordergrund? Welche Merkmale lassen hingegen auf einen möglicherweise auch (sonder-)pädagogischen und/oder fachdidaktischen Rückschritt hinter bereits erreichte Standards schließen?

Zur Klärung der vordringlichsten Fragen im hier skizzierten Kontext wird nachfolgend ein exemplarisch zu verstehendes Konzept und die daraus folgende Praxis einer bereits langjährig praktizierenden Schülerfirma einer Berliner Schule für Lernbehinderte vorgestellt. Dieses Beispiel bietet eine Grundlage für die Ermittlung von Kriterien zur Entwicklung überzeugender Intentionen (Ziele) und deren Umsetzung in den Schulen im Sinne von Qualitätsentwicklung. Darüber hinaus lassen sich aus der didaktisch zentrierten Darstellung einige erste Hinweise zur Entwicklung eigener Konzepte, etwa im Rahmen der Schulprofilbildung und Schulprogrammgestaltung, ableiten.

Beispiel: „Schülerfirma Fahrradwerkstatt"

Die Comenius-Schule ist eine kombinierte Schule für lernbehinderte Schülerinnen und Schüler und für Grundschüler in Berlin-Wilmersdorf. Nur eine Minderheit der Heranwachsenden erlangt nach Abschluss der Sekundarstufe und somit des 'Berufsbildenden 10. Schuljahres' (BB10) einen Hauptschulabschluss und noch weniger einen daran anschließenden regulären Ausbildungsplatz im Dualen System. Diese Situation war die Ausgangslage für ein erweitertes, neues Lernkonzept unter Einbeziehung des Modells „*Schülerfirma*".

Seit Anfang der 1990er-Jahre werden dort 'Projektwerkstätten' für den Unterricht in den 9. Klassenstufen betrieben. Die Fahrradwerkstatt ist eine von mehreren solcher 'Projektwerkstätten', die als jeweils eigenständige 'Betriebe' geführt werden. Von der Kundenbetreuung über die Reparaturen und

Wartungsarbeiten bis zu den Bankgeschäften nehmen die Mädchen und Jungen alles selbst in die Hand.

In der Werkstatt fürs Leben lernen

An der Comenius-Schule hat das *soziale Lernen* (die Sozialkompetenz) eine große Bedeutung. Seine eigene individuelle Befindlichkeit und Stimmung einschätzen und die Stärken und Schwächen der anderen Mitschüler/-innen akzeptieren zu lernen, bedarf einer intensiven ständigen Förderung sozialer Kompetenzen. Häufige Misserfolgserlebnisse – auf Seiten der Schülerinnen und Schüler, aber auch der Lehrenden – stellen traditionelle (Fach-)Unterrichtsformen in Frage; sie finden in der Oberschule kaum Akzeptanz und wirken insbesondere in den grundlegenden Kulturtechniken eher demotivierend. Einige Jugendliche verfügen deshalb auch gegen Ende der Sekundarstufe immer noch über nur geringe grundlegende Lese-, Rechen- und Schreibfertigkeiten, die jedoch unter günstigen Lernbedingungen auch nach vielen offensichtlich erfolglosen Unterrichtsjahren doch noch entwicklungsfähig erscheinen. Vor diesem Hintergrund wurden von den Kolleginnen und Kollegen neue Formen der Unterrichtsorganisation angestrebt. Bei der Entwicklung dieser neuen Formen stießen die Kolleginnen und Kollegen auf frühere Ansätze, reale Arbeit in das schulische Lernen zu integrieren. Sie entschieden sich für ein Modell der Schülerfirmen, das konkret nach Lösungen mit mehreren getrennten kleineren selbständigen Betrieben sucht. Dazu gehört bei der Comenius-Schule eine Fahrradwerkstatt, eine Textilwerkstatt sowie eine Cafeteria mit Mittagstisch. Die Schülerinnen und Schüler können in der neunten Klassenstufe auswählen, in welchem Projekt sie ein Schuljahr lang mitarbeiten wollen.

Die Lehrerstunden für diese neuen Formen der Lernorganisation wurden mit dem (weiterhin gültigen) traditionellen Fächerkanon, z.B. den Unterrichtsstunden für Mathematik,

Deutsch und Allgemeine Weltkunde intern verrechnet. Schülerinnen und Schüler, die bisher nicht ausreichend lesen, schreiben und rechnen gelernt haben, sollen in andersartigen Lernarrangements neuen Antrieb erlangen. Die Motivation ergibt sich dabei für manchen Jugendlichen erstmals aus einem von ihm erfahrenen und nicht von den Lehrenden vorgegebenen Sinn- und Sachzusammenhang. Außerdem kann man in den Werkstätten Geld einnehmen, das für ein größeres Vorhaben genutzt werden kann. Dies ist für viele schließlich der entscheidende Auslöser, um sich anzustrengen.

Ob Fahrräder reparieren, Kleidungsstücke in Serie produzieren oder eine Cafeteria mit Kantine betreiben: Es geht um die Förderung der Selbständigkeit in unterschiedlichen Handlungsfeldern. Über die weiter bedeutsamen fachlichen Kenntnisse und die konkret gebundene Anwendung von Kulturtechniken (im Sinne der Klafkischen „instrumentellen Kenntnisse und Fertigkeiten“) hinaus werden in den Projektwerkstätten Selbstbewusstsein und Strategien zur Selbsthilfe erschlossen.

Arbeit in der Fahrradwerkstatt

Zwei Lerngruppen mit je 10 Jungen und Mädchen arbeiten im Verlauf eines Schuljahres jeweils einmal wöchentlich vier Unterrichtsstunden in der Fahrradwerkstatt. Zum Ende des Schuljahres wird jeweils eine gemeinsame Fahrradtour in die Mark Brandenburg geplant. Dabei werden Gewinne aus dem Betrieb der Fahrradwerkstatt verbraucht. Die einwöchige Fahrradtour erfordert einiges an Vorbereitung. Geld alleine reicht nicht; denn jeder Mitfahrer muss gut Fahrrad fahren können, die Verkehrsregeln beherrschen, das eigene Fahrrad sollte selbst auf Funktionstüchtigkeit geprüft werden können. Die Route muss abgestimmt, Informationsmaterial und Karten beschafft, Übernachtungen in Jugendherbergen reserviert, Preise kalkuliert, Ersatzteile zusammengetragen und vieles andere mehr vorbereitet werden. Die notwendigen Entscheidungen werden in der Gruppe selbst getroffen. Dies erfordert unter anderem die Fähigkeit, in der Gemeinschaft eine eigene Meinung zu bilden und diese zu äußern, eigene und gemeinsame Entscheidungen zu treffen, letztere zu akzeptieren sowie Konsens und Kompromisse bei Konflikten zu finden.

Arbeitsorganisation gestalten lernen

Die Arbeitsorganisation in der Fahrradwerkstatt wird zu Beginn jedes wöchentlichen Treffens in gemeinsamer Runde, dem „Werkstattgespräch", besprochen. Im Verlauf des Betriebes während des Schuljahres kommen immer wieder neue technologische, ökonomische, organisatorische sowie soziale Probleme auf die Schülerinnen und Schüler zu. Sie lernen dabei Schritt für Schritt verschiedene Arbeitsvorgänge und Tätigkeiten abzustimmen, und sie planen zunehmend realistische, zeitökonomisch parallele, arbeitsteilige Vorgehensweisen.

Über die technisch-handwerkliche Arbeit bei den Reparaturen hinaus gibt es vielfältige Aufgaben in der Fahrradwerkstatt zu erledigen. So muss jede Woche das Bankkonto des Schülerbetriebes kontrolliert werden. Kunden müssen beraten und Aufträge angenommen, Kostenvoranschläge kalkuliert und Rechnungen fakturiert werden. Jedes Mal muss auch das (unbeliebte, aber notwendige) Aufräumen und Säubern der Werkstatt eingeteilt werden. Durch regelmäßigen Wechsel der Partnerarbeiten können unterschiedliche Erfahrungen gesammelt werden. Die gegenseitige Hilfe wird dabei von den Lehrerinnen und Lehrern bewusst und nachdrücklich angeregt.

Wenn es sich aus aktuellem Anlass auf Grund der Reparaturaufträge anbietet, werden anhand noch unbekannter bzw. bisher nicht bearbeiteter technischer Probleme fachlich neue Inhalte eingeführt, die anschließend bei der Auftragsbearbeitung praktisch eingeübt werden können. So lernen die Schülerinnen und Schüler über die anfangs relativ einfachen Pflege- und Wartungsarbeiten an den Fahrrädern hinaus handwerklich und technisch immer aufwendigere Reparaturen meistern. Bei solchen vielseitigen Arbeiten ergeben sich für die Jugendlichen sehr unterschiedliche technologische und ökonomische Fragestellungen. Es sind Fragen, die sich für die Lernenden aus von ihnen nachvollziehbaren Sinnzusammenhängen ergeben. Ihre intrinsische Motivation wird geweckt und sie werden in der Fahrradwerkstatt zur Selbsthilfe und aktiven Freizeitgestaltung angeregt. Für manchen Jugendlichen könnte sich sogar eine zusätzliche Möglichkeit zur Aufbesserung des Taschengeldes ergeben. Zumindest aber können sie sich in ihrer Freizeit mit der fachgerechten Pflege und Reparatur von Fahrrädern nützlich machen und Bekannten oder Verwandten ihre Hilfe anbieten.

Ausstattung der Fahrradwerkstatt

Die Grundausstattung mit allen notwendigen Werkzeugen wurde mit Mitteln aus einem Berliner Förderprogramm „Jugend mit Zukunft – Gegen Gewalt" angeschafft. Die laufenden Kosten werden durch Einnahmen getragen, die immer ordentlich verbucht werden. Zur Fahrradwerkstatt gehört noch der große Dachboden des Schulgebäudes, auf dem bis zu 100 Fahrräder lagern. Dieser Fundus zum Aufarbeiten, „Ausschlachten" und zum Verleih wird durch Fahrräder vom Fundamt und anderen Spendern erhalten. Ein PC für die Büroecke wurde von Sponsoren gestiftet. Er hat bei der Bearbeitung der Kundenaufträge große Bedeutung.

Kalkulation: Die Grundlage für den geschäftlichen Erfolg

Die Fahrradwerkstatt fand rasch Kundinnen und Kunden. So waren es zunächst vor allem ‘schulnahe’ Personen wie Lehrerinnen und Lehrer, Eltern oder Bekannte und Nachbarn, die einen Auftrag erteilten. Später kamen weitere Kunden aus der Nachbarschaft hinzu. Die Kunden melden sich entweder zur Öffnungszeit in der Fahrradwerkstatt oder hinterlassen eine Nachricht im Schulsekretariat. Das erste Problem für die „Unternehmer" ist eine überzeugende Kundenberatung. Manche Kundinnen und Kunden kommen in der Erwartung, dass die Reparatur besonders günstig oder vielleicht sogar umsonst ist. Ein solcher Freundschaftsdienst ist jedoch weder machbar noch im Sinne der Jugendlichen, die den realistischen Ablauf von Arbeit in der Produktion von Gütern und Dienstleistungen kennen lernen sollen und darüber hinaus ja auch Gewinne für ihre Klassenfahrt erwirtschaften wollen und sich damit auf den Ernst des Lebens nach der Schule vorbereiten.

Zuerst muss der Reparaturumfang festgestellt werden. Der technische Zustand des zu bearbeitenden Fahrrades ist zu prüfen, offensichtliche und verdeckte Fehler sind zu diagnostizieren, evtl. ist eine Probefahrt erforderlich. Die einzelnen Mängel werden auf einem selbst entworfenen Auftragsformular schriftlich festgehalten. Danach müssen die erforderlichen Ersatzteile bestimmt sowie die einzelnen Arbeitsleistungen aufgeführt werden. Schließlich muss der Zeitaufwand geschätzt werden.

Die abschließende Kalkulation der Kosten für die Reparatur erfolgt am PC in der Büroecke. Für die Schülerinnen und Schüler ist der Computer eine wichtige Hilfe bei dieser Aufgabe. Bei einer traditionell manuellen Bearbeitung müssten alle Positionen mühsam aus Preislisten für die Ersatzteile und für Arbeitsleistungen herausgesucht werden. Anschließend wäre die handschriftliche Auflistung und Addition eine zeitaufwendige Sache, zu der entsprechende Rechenfertigkeiten erforderlich sind und die zudem zahlreiche weitere Fehlerquellen birgt. Da kann eine Datenbank, die einer der Lehrer vorbereitet hat, wertvolle Unterstützung bieten. Die Preise der einzelnen Ersatzteile und Richtzeiten bzw. Richtpreise für die jeweiligen Arbeitsleistungen sind in dieser Datenbank gespeichert. Berechnungsgrundlage für die erforderliche Arbeit ist ein Stundenlohn von 15,– DM. Ähnlich wird dies in professionellen KFZ-Werkstätten praktiziert, wobei bestimmte Reparaturen mit einer festen Zeitvorgabe und dementsprechenden Kosten berechnet werden. Das Verfahren haben die Schülerinnen und Schüler bei der Erkundung einer KFZ-Werkstatt kennengelernt. Der Kunde muss also nicht mehr bezahlen, wenn ein Schüler für eine ihm noch neue Reparatur länger als die Richtzeit tätig ist. Aus pädagogischen Gründen wird so versucht, problematischen Zeitdruck zu vermeiden. Mit dem Computer kann nun Schritt für Schritt eine Kalkulation erstellt werden.

Marktlücken erschließen: Warum nicht auch Leasing?

Anfangs wurden vor allem ältere Fahrräder überholt und verkauft. Außerdem wurden einige Tandems gebaut. Doch dazu bleibt inzwischen nicht mehr viel Zeit und das Schweißen von Tandems war aus Sicherheitsgründen viel zu sehr auf die Arbeit der Lehrer bezogen.

Neben den weiter im Zentrum stehenden Pflege- und Wartungsarbeiten sowie den Reparaturen wurde eine neue lukrative Dienstleistung erschlossen. Kinderfahrräder in verschiedenen Größen werden immer nur für relativ kurze Zeit benötigt. Da erscheint es für manche Eltern interessant, ein passendes Kinderfahrrad lieber in der gerade notwendigen Größe zu mieten, anstatt in relativ kurzen Abständen ein neues größeres zu kaufen. Vor diesem Hintergrund wurden gut erhaltene Kinderfahrräder angekauft und die Vermietung vorbereitet. Die Vermietung bringt neue ökonomisch relevante Probleme mit sich, die wiederum willkommene Lernanlässe bieten. So wird eine Leihgebühr kalkuliert, Mietverträge werden geschlossen, die Bonität der Kunden geprüft und die Zahlungseingänge kontrolliert.

Vertrauen ist gut – Kontrolle ist besser

Der Zahlungsverkehr der '*Schülerfirma* Fahrradwerkstatt' erfolgt weitgehend bargeldlos. Rechnungen beim Großhändler wie die Zahlungen der Kunden erfolgen über das Bankkonto der Fahrradwerkstatt. Bargeld wird durch Buchgeld ersetzt. Die Nutzung des bargeldlosen Zahlungsverkehrs ist ein wichtiges Ziel der Arbeit in der Fahrradwerkstatt. Kontenzugänge und -abgänge sowie Kontoführungsgebühren müssen geprüft und mit den eigenen Buchungen verglichen werden. Kunden, die nicht bezahlen, soll eine Mahnung geschrieben werden. Die Verwaltung des Kontos ist eine der Aufgaben, die jede Woche aufgeteilt werden. Jedesmal werden zwei andere Mitschüler/-innen beauftragt, die Kontoauszüge von der Bankfiliale zu holen und Überweisungsaufträge abzuliefern. Für die Jugendlichen sind viele solcher Tätigkeiten und die damit verbundenen Begriffe neu. Aufgrund der Erfahrungen der Eltern ist ihnen zwar einiges über die Vor- und Nachteile vom bargeldlosen Zahlungsverkehr – meist eher theoretisch – bekannt, aber ein eigenes Konto, mit dem sie selbst den Umgang mit bargeldlosem Zahlungsverkehr selbstverantwortlich lernen können, hat noch niemand von den Jugendlichen. So wird ihnen auch in diesem Zusammenhang das Kennenlernen ökonomischer Kenntnisse und Fertigkeiten in nachvollziehbaren Sinn- und Sachzusammenhängen geboten. Es ist nicht das Lernen auf Vorrat ('Lernen für später'), sondern die Jugendlichen benötigen das Wissen unmittelbar, eine wesentliche Lernmotivation für diese Schülerinnen und Schüler.

Ein knappes Zwischenresümee

In einer ersten Zäsur kann zunächst festgestellt werden, dass Schülerfirmen unter bestimmten Bedingungen zur Förderung von benachteiligten Jugendlichen – wie an dem geschilderten Beispiel gezeigt – einen wertvollen Beitrag leisten können.

Zugleich lässt sich im Sinne einer Arbeitshypothese die Behauptung aufstellen, dass die Einrichtung einer Schülerfirma allein noch kein ausreichender Indikator für eine Verbesserung der Lernbedingungen Benachteiligter darstellt. Vielmehr gilt es, Qualitätsmerkmale aus sonderpädagogischer sowie fachdidaktischer Sicht zu entwickeln, die eine kritische Reflexion eigener konzeptioneller Überlegungen zur Vorbereitung und Planung der Gründung einer Schülerfirma sowie derer tatsächlichen Gründung und Evaluation unterstützen, wie es im Rahmen der Schulprogrammentwicklung gefordert ist. Die ausführliche Darstellung der Wirkungsweise der exemplarisch ausgewählten Schülerfirma Fahrradwerkstatt gibt bereits erste Hinweise auf unterschiedliche Kriterien, die im Kontext der aktuellen sonderpädagogischen sowie fachdidaktischen Diskussion zu begründen sind.

Was sollen und können benachteiligte Jugendliche für die gegenwärtige und zukünftige Lebens- und Arbeitswelt lernen?

Es ist fraglich, ob die klassische Orientierung des Lernens an traditionellen, historisch entstandenen und als allgemeinbildend akzeptierten Schulfächern noch den heute notwendigen Kenntnissen und Fertigkeiten sowie Einstellungen zur Lösung der im außer- und nachschulischen Leben anstehenden Problemen entspricht. Die seit langem vorgetragene Kritik „an der Eignung und offenbaren Unfähigkeit des traditionellen Fächersystems zur Abbildung und Bearbeitung der Problemlagen unserer gegenwärtigen Wirklichkeit … hat zu vielfältigen Versuchen geführt, diese Enge der Einzelfächer zu durchbrechen, wie dies beispielsweise in der erneuten Diskussion über Projektunterricht, in vielfältigen Konzepten fachübergreifender Curriculumentwicklung … und in den Bemühungen zur Verwirklichung der Arbeitslehre deutlich wird“, schreiben die Herausgeber des Bandes 3 der ENZYKLOPÄ-

DIE ERZIEHUNGSWISSENSCHAFTEN H.-D. HALLER UND H. MEYER (1986, 16). KLAFKI's zur gleichen Zeit vorgelegter Entwurf einer Neuen Allgemeinbildung (1985) enthielt ein damals neues Konzept der Strukturierung der Inhalte schulischen Lernens, die Zentrierung der Inhalte auf epochale Schlüsselprobleme. Ohne an dieser Stelle auf Einzelheiten des Konzeptes und die damit verbundenen Schwierigkeiten einzugehen, kann die Neuartigkeit des Ansatzes als ein möglicher Beitrag zur Überwindung der beschriebenen Einzelfachproblematik angesehen werden. Ohne Zweifel ist die Produktion von Gütern und Dienstleistungen unter Beachtung sozialer, humaner, ökologischer Bedingungen eines der zentralen Probleme der Menschen. „Epochal" nennt KLAFKI solche Probleme, die zugleich gesellschaftlicher und individueller Natur sind. Ihnen ist gemeinsam, dass die Lösung der Probleme die Gestaltung des zukünftigen Lebens allgemein betrifft. Um solche Probleme in Angriff zu nehmen, bedürfen alle Menschen auch bestimmter „instrumenteller Kenntnisse und Fertigkeiten" sowie Einstellungen, die auch als Schlüsselqualifikationen bezeichnet werden können.

Dieses Konzept neuer Allgemeinbildung baut auf der solidarischen Selbstbestimmung aller sowie ihrer Fähigkeiten und ihrer Bereitschaft zur gemeinsamen Problembewältigung auf. Damit wird deutlich, dass Selbst- und Mitbestimmung, Gestaltungsfähigkeit und eine optimale Entfaltung von instrumentellen Kenntnissen für jeden Menschen eine humane Notwendigkeit sind. Praktisch bedeutet dies, dass die Schülerinnen und Schüler in den Schulen Gelegenheit haben müssen, sich den konkreten Problemen ihrer individuellen Lebenswelt zu stellen und diese als in der Regel durch die gesellschaftlichen Entwicklungen bedingt zu begreifen. Gleichzeitig sollten sie auch die Gelegenheit haben, sich als erfolgreich Handelnde, Eingreifende, Gestaltende zu erleben. Dieses – durch „handelnden" Unterricht – bewusst werdende Erleben führt zu den Kenntnissen und Fertigkeiten und den im Beispiel der Schülerfirma beschriebenen Entwicklungen der Persönlichkeit.

Im Sinne der Entwicklung einer basalen, an konkreten Problemen (technische, ökonomische, soziale wie im Beispiel ausgeführt) entwickelten und entfalteten *Methodenkompetenz* – die weit mehr als Lesen, Schreiben und Rechnen umfasst – lernen die Heranwachsenden die Bedeutung des Wissens und (laut modernem Sprachgebrauch) des „Wissensmanagements" kennen (vgl. MESCHENMOSER, 2001). So lernen sie Strategien zur Informationsbeschaffung, beispielsweise durch Nutzung öffentlicher Angebote wie Verbraucherberatung, Bürgerberatung, Schuldnerberatung und auch private bzw. kommerzielle Beratungs- und Dienstleistungsangebote kennen. Methoden sind dabei ebenso von und mit den Schülerinnen und Schülern gestaltbar wie auch inhaltliche Schwerpunkte (vgl. MESCHENMOSER, 1997).

Bezugspunkt für die didaktisch begründete Organisation und praktische Realisierung von Schülerfirmen bieten fachdidaktische Ansätze für den Unterricht über Arbeit, Produktion und Technik. Seit den 1960er-Jahren wurde hierfür das Fach Arbeitslehre durch den Deutschen Bildungsausschuss empfohlen, das in manchen Bundesländern in Partikularfächern wie Technik, Wirtschaft, Haushalt sowie Textil unterrichtet wird.

Didaktische Konzepte für den Unterricht über Arbeit, Produktion und Technik

Ein problemzentrierter Unterricht – hierfür bieten Schülerfirmen eine Reihe von konkreten Ansätzen – zeigt die Bedeutung der individuellen und gesellschaftlichen Arbeit für die Sicherung der Existenz, aber auch der Persönlichkeitsentwicklung aller Menschen für die Schülerinnen und Schüler konkret fassbar auf. Mit der Arbeit, auch der Schülerarbeit in der Fahrradwerkstatt untrennbar verbunden sind technische Mittel, erst die konkrete Arbeit und die Arbeitsmittel (sowie die Produktionsfaktoren Boden und Kapital) ermöglichen die Warenproduktion und das Erbringen von Dienstleistungen. Diese ökonomischen Zusammenhänge lassen sich (kaum) sinnvoll in unterschiedliche Fächer (Technikunterricht, Haushaltunterricht oder Wirtschaftslehre und eventuell noch Textilunterricht) trennen. An konkreten Beispielen, hier ist die Schülerfirma eines der möglichen Modelle, lassen sich die Probleme und gestalterischen Potenziale wirklichkeitsnah erfahren. Anders als in der betrieblichen Realität bietet die Schule aber auch den Raum zu Reflexion des Erfahrenen, Erlebten und damit zum Lernen. Arbeitserfahrung allein führt nicht zum Lernen, Erfahrung und Lernen sind unterschiedliche Dimensionen des Verhaltens.

Die in manchen Arbeitslehre-Konzepten (Berlin, Hamburg) verbreitete schulische Produktion ermöglicht durch ihre didaktische Zentrierung auf bestimmte Formen der Produktion ebenfalls ausschnitthafte Einblicke in die Realität der betrieblichen Produktion von Gütern und – noch immer relativ selten – auch der Schaffung von Dienstleistungen. Es ist zu fragen, ob die schulische Produktion nicht in Gefahr steht, immer wieder – insbesondere von benachteiligten Schülerinnen und Schülern – nur als Simulation angesehen zu werden, da ihr der Ernstcharakter der Arbeit notwendig fehlt. Hier kann die Arbeit in einer Schülerfirma von ihrer Organisation her mehr leisten. Sie ist in jedem Fall auch komplexer, es entstehen mehr, und das ist entscheidend, vernetzte Lernmöglichkeiten. Ihr potenzielles Optimum kann die Schülerfirma aber nur im Kontext eines Unterrichtes gewinnen, der auf die gleichen Ziele ausgerichtet ist und die entsprechenden notwendigen Inhalte mit den entsprechenden Methoden erweitert und zugleich für die Vernetzung der Kenntnisse und Fertigkeiten aller Aktivitäten sorgt. Unter diesen Gesichtspunkten bietet ein isolierter Tag in der Schülerfirma neben dem traditionellen

Fachunterricht an den übrigen vier Wochentagen für die pädagogische Schulqualitätsentwicklung (noch) kein ausreichend tragfähiges pädagogisches Konzept.

Noch immer wird an manchen Sonder- und Hauptschulen eine enge Orientierung an handwerklicher Produktion verfolgt. Lernziele dabei sind: „solide handwerkliche Kenntnisse und Fertigkeiten sowie Materialkenntnisse“ – die sich meistens auf die Bearbeitung von Holz beziehen. Dabei wird (kurzschlüssig) unterstellt, dass handwerkliche Fertigkeiten allgemeine, basale Qualifikationen im Sinne von Schlüsselqualifikationen darstellen. Abgesehen von der daraus resultierenden Exklusivität des Werkstoffes Holz scheint die Entwicklung der Produktion diese Ebene spätestens seit Einführung der automatisierten und NC-gesteuerten (numerisch-computergesteuerten) Werkzeugmaschinen auch in vielen Handwerksbetrieben vorangetrieben zu sein. Damit haben sich auch die beruflichen Anforderungen zum Teil dramatisch verändert. Es ist zunehmend zu fragen, ob die klassischen handwerklichen Techniken nicht immer weniger (im erhofften Maße) auf eine berufliche Tätigkeit vorbereiten, sondern eher auf eine Tätigkeit im Hobby- und Heimwerkerbereich zielen. Auch andere Spezialisierungen auf bestimmte handwerkliche Tätigkeiten (z.B. im Metallgewerbe) können immer nur eine sehr regionale und adressatenspezifische Berufsvorbereitung erleichtern. Ein so spezialisierter oder ein an älteren Fertigkeiten orientierter Unterricht kann aber erstens kaum als allgemein bildend gelten und zweitens die Schülerinnen und Schüler nicht auf die komplexen (gegenwärtigen und zukünftigen) technischen und ökonomischen Zusammenhänge in Arbeit, Technik und Produktion vorbereiten. Hierzu ist beispielsweise die integrierte Einbeziehung von IuK-Techniken (z. B. zur Textverarbeitung, Tabellenkalkulation, Dateiverwaltung, Maschinensteuerung) unverzichtbar.

Eine gut vorbereitete und organisierte Schülerfirma und die abwechselnde Tätigkeit in verschiedenen solcher Firmen können mit den darin anfallenden vielfältigen Arbeiten und den dabei zu gewinnenden fachlichen und sozialen Kompetenzen einen leichteren Übergang von der Schule in die Arbeitswelt und auch das für einige Absolventen derzeit wohl unvermeidliche Bestehen in einer oder mehreren nachschulischen Qualifikationsmaßnahmen erleichtern. Über das berufliche Arbeiten hinaus können in Schülerfirmen bedeutsame Kenntnisse und Fertigkeiten für die Lebensgestaltung erworben werden, wie z. B. die Entwicklung von Planungsstrategien, Kommunikationsfähigkeit oder auf anderer Ebene am Beispiel der beschriebenen Fahrradwerkstatt das Führen eines Kontos, der Umgang mit Mahnschreiben, das Gespräch mit Kunden, die Kostenkalkulation u. v. a. m.

Resümee und Perspektiven

Schülerfirmen sollen Schülerinnen und Schüler besser in die Arbeits- und Berufswelt einführen und auf die möglichst selbstständige Lebensgestaltung einschließlich der Aufnahme eines Ausbildungs- bzw. Beschäftigungsverhältnisses vorbereiten, als dies im klassischen gefächerten Unterricht nach vorliegenden Erfahrungen geschehen kann. Diese Ziele werden auch im Kontext kritisch-konstruktiver Didaktik (im Sinne Klafkis) und neuer Arbeitslehre angestrebt. Deshalb könnten diese Konzepte miteinander stärker als bislang üblich didaktisch verknüpft werden. Die potenzielle Einseitigkeit und der mancherorts zu beobachtende engagierte Aktionismus könnten dadurch eine solide tragfähige Basis bekommen. Hierzu wäre es auch hilfreich, die Geschichte des Einbeziehens der realen Lebenswelt und der beruflichen Arbeit in die Schule, eine Geschichte, die (fast) so lang ist wie die Geschichte der Schule für alle Heranwachsenden selbst, nach vorliegenden positiven Erfahrungen, Erfolgen, aber auch nach Fehlwegen zu befragen.

Die hohen Erwartungen hinsichtlich der Motivation und der Lernleistungen auch in klassischen Lernfeldern (so genannte Kulturtechniken) beruhen bislang allgemein auf individuellen Erfahrungen und Einzelfällen. Solche Erwartungen und berichteten Erfolge werden mit den motivationalen Effekten begründet, die durch die produktorientierten Tätigkeiten bei Lernenden beobachtet werden. Zudem scheint der sinnstiftende Realitätsbezug, die vom traditionellen Unterricht abweichenden Lerninhalte und Methoden, Lehrenden wie Lernenden neue Impulse zu verleihen.

Gleichwohl sollte nicht der Eindruck entstehen, als sei die Gründung von Schülerfirmen ein pädagogisches Allheilmittel: Die Existenz einer Schülerfirma allein sagt noch nichts über die pädagogische und didaktische Qualität der Inhalte, Methoden und der Lernziele aus. Es muss zukünftig sichergestellt und überprüft werden, ob die hohen Erwartungen tatsächlich gerechtfertigt sind. Dies kann nur durch Maßnahmen der Qualitätssicherung erreicht werden. Dabei sollte die interne, von den Lehrerinnen und Lehrern selbst vorgenommene Evaluation durch externe Evaluation ergänzt werden. Dabei sollte die fachdidaktische Diskussion zum Unterricht über Arbeit, Produktion und Technik (Arbeitslehre) als ein bedeutsamer Bezugsrahmen gelten und in zukunftsweisenden Konzepten aufgegriffen werden. Alle existierenden Konzepte und Ansätze, sowohl sonderpädagogische als auch fachdidaktische Konzepte des 'Arbeitslernens', sind wie die neuen Konzepte – hier vor allem das Modell Schülerfirma – auf den Prüfstand der Qualitätskontrolle zu stellen.

Literatur

BRADEMANN, THOMAS: Handeln oder Basteln? Eine Kritik falsch verstandener Handlungsorientierung des Unterrichts. In: Pädagogik und Schulalltag 50 (1995) H. 1, 70–81.

DEDERING, H. / DUISMANN, G. H. / PLICKAT, D.: Schulprofil: Arbeit und Technik. In: Arbeiten und Lernen / Technik 8(1998)32, 4–7.

DUISMANN, G. H.: Lernen in der Arbeitslehre: Erfahrung, Meisterlehre, Industrie, Wissensgesellschaft. Erscheint in: Schudy, Jörg (Hg.): Arbeitslehre 2000. Baltmannsweiler 2001.

HAINMÜLLER, B.: Arbeitserfahrung als Methode der Berufsorientierung. Ein Vergleich englischer und deutscher Konzepte unter Berücksichtigung der Aktionsprogramme der EU zum Übergang von der Schule in die Arbeitswelt. Frankfurt/M. 1996.

HALLER, H. D. / MEYER, H.: Vorwort der Herausgeber In: Lenzen, D. (Hrsg.) Enzyklopädie Erziehungswissenschaft Bd. 3: Ziele und Inhalte der Erziehung und des Unterrichts. Stuttgart 1986.

KLAFKI, W.: Neue Studien zur Bildungstheorie und Didaktik. Weinheim 1985 (1. Auflage, 6/1996).

MESCHENMOSER, H.: Methoden gemeinsam gestalten – Zur Entwicklung der Methodenkultur im Unterricht zu Arbeit und Technik. In: Arbeiten und Lernen / Technik 6 (1996) 22, 4–11.

MESCHENMOSER, H.: Wissensmanagement in der Technischen Bildung – Anregungen zur didaktischen Diskussion. Erscheint in: DGTB / Sachs, C. / Sachs, B. (Hg.): Praxis und Theorie in der Technischen Bildung. Hamburg 2001.

OBERLIESEN, ROLF: Schulische Produktion – Produktionsschule. Die Reformidee der Integration von Arbeiten und Lernen. In: Arbeiten und Lernen – Technik 2 (1992) 5, 14–15.

NORBERT RIXIUS

Öffnung von Schule

Initiativen von „unten" – Reform von „oben" – oder: Wann ist die Zeit reif für Veränderungen im Bildungswesen?

JÜRGEN ZIMMER prägte vor mehr als zwölf Jahren den Slogan „Macht die Schule auf – lasst das Leben rein!" und löste damit eine immerhin einige Monate dauernde öffentliche Diskussion über den aktuellen Bildungs- und Erziehungsauftrag der Schule aus. Im Kontext der damaligen Auseinandersetzung legte das Kultusministerium Nordrhein-Westfalen (NRW) im Jahre 1988 ein Rahmenkonzept zur Öffnung von Schule vor, das bereits vor seinem offiziellen Erscheinen in mehreren tausend Exemplaren kursierte und inzwischen in rund 225.000 Exemplaren im ganzen Bundesgebiet und in mehreren europäischen Ländern verbreitet ist. Mehrere Bundesländer (z. B. Hessen, Niedersachsen, Bremen, Bayern und Baden-Württemberg) griffen in dieser Zeit die Formel einer Öffnung der Schule zur Lebenswelt mit jeweils verschiedenen Akzentsetzungen auf.

Anlässe für Öffnungsprozesse in der Bildungspolitik und Schulpraxis

In der nordrhein-westfälischen Bildungspolitik hatten sich in der Mitte der 1980er-Jahre mehrere Entwicklungsstränge herauskristallisiert:

- Innerhalb der Schulen engagierten sich Lehrkräfte dafür, das Schulleben und den Unterricht stärker auf die Lebenssituation der Kinder und Jugendlichen zu beziehen, Lehren und Lernen handlungsorientiert und exemplarisch an außerschulischen Lernorten bzw. mit Hilfe von Partnern zu gestalten.

- Gemeinwesen orientierte Ansätze in der Jugend- und Sozialarbeit, die sogenannte Community Education in englischen „Local Educational Authorities“, „Lernen vor Ort“ als Chiffre für erwachsenenpädagogische Initiativen, die sich u. a. auf „Oral History“, bürgerschaftliche Konzepte im Bereich der politische Bildung u. a. bezogen.

- Sozial- und erziehungswissenschaftliche Forschungsergebnisse und Ansätze, die z. B. als sozialräumlich bzw. sozialökologisch etikettiert wurden sowie Untersuchungen zur Qualität von Schule und Unterricht, in fachübergreifenden didaktischen Modellen in der Curriculumentwicklung, die der Einsicht folgten, dass der fachsystematisch angelegte Unterricht den Anforderungen in der Realität des beruflichen und sozialen Alltags nicht mehr hinreichend gerecht werden kann.

- Einsichten im politisch-administrativen Bereich, dass qualitative Verbesserungen im Bildungs- und Sozialwesen nicht primär zu erzielen seien, wenn mehr Personal und Sachmittel bereitgestellt werden. Daraus folgernd die Suche nach praktischen Ansätzen und deren wissenschaftlicher Legitimation, die in Nordrhein-Westfalen in den Entwurf eines „Rahmenkonzeptes Gestaltung des Schullebens und Öffnung von Schule (GÖS)“ mündete. Bemerkenswert daran ist bis heute die Initiative der Politik, dass nämlich der Landtag in NRW dieses Konzept 1986 in Auftrag gab. Außerdem lud das Kultusministerium die Lehrkräfte zur kritischen Diskussion ein und verzichtete darauf, es – wie sonst üblich – als verbindliche Richtlinie zu verkünden. Seitdem forderte das Parlament mehrfach, zuletzt im Dezember 1999 – inzwischen parteiübergreifend – die Schuladministration auf, das Landesprogramm „GÖS“ fortzusetzen.

Sicherlich gab und gibt es auch in anderen Bundesländern Diskussionen, in denen die Formel „Öffnung von Schule" gleich einer Metapher wirkte. Neben der wohl bekanntesten 'Parole' von JÜRGEN ZIMMER „Macht die Schule auf – Lasst das Leben rein!" nutzten andere Protagonist/-inn/-en etwa die von Pestalozzi geprägte Formel vom „Lernen mit Kopf, Hand und Herz", um ihre Intentionen zu illustrieren. In der Fachwelt belegten Gegner/-innen wie GÜNTHER diese Ideen mit Schlagworten wie „Spaß- oder Schmuse"-Pädagogik und unterstellten, ZIMMER und andere strebten eine Schule ohne fachliches und leistungsorientiertes Lernen an. Solche Versuche, reformpädagogische Ansätze mit Angst erzeugenden Etiketten zu versehen, konnten sich letztlich jedoch nicht durchsetzen.

Auf Seiten der Schulpraxis flaute das Interesse zunächst Anfang der 1990er-Jahre ab, bis es durch den Bericht der Bildungskommission NRW zur Zukunft der Schule wieder verstärkt einsetzte. Daher sollte niemand glauben, die Entwicklungen in der Schul- und Sozialpädagogik bzw. in den entsprechenden Bereichen der Bildungs- und Jugendpolitik seien in der Vergangenheit linear verlaufen.

Gegenwärtig oszilliert die Diskussion zwischen einander widersprechenden Forderungen, etwa nach:

- „mehr Wirtschaft in die Schule" – im Sinne fachübergreifenden Lernens;
- stärkerer Akzentuierung von Leistungskontrolle und fachorientiertem Lernen;
- Förderung von Schlüsselqualifikationen[1], Arbeitstugenden;
- verkürzten Bildungsgängen zum Abitur und
- mehr Elitebildung.

[1] Besonders am Beispiel dieses Begriffes ließe sich zeigen, wie er als Etikett für ganz verschiedene Inhalte und Intentionen ge- (und gelegentlich) missbraucht wird.

Personen aus Politik, Wirtschaft und Wissenschaft melden sich hierzu ebenso zu Wort wie (Fach-)Journalist/-inn/-en. Deren Aussagen erinnern gelegentlich an einen Schlagabtausch längst abgedroschener Vorurteile oder sie wiederholen Behauptungen, deren Duktus Axiomen oder Glaubenssätzen ähneln.

Das Landesprogramm Gestaltung des Schullebens und Öffnung von Schule (GÖS) in NRW

Am Anfang stand ein Konzept. Darin wird festgestellt: Lehrer/-innen aller Schulformen haben vielfältige Ansätze entwickelt, um Freiräume für eine intensivere Gestaltung des Unterrichts und Schullebens zu suchen und zu nutzen. Öffnung von Schule zum Umfeld wird als Chance verstanden, schulisches Lernen stärker auf die Lebenswelt der Kinder und Jugendlichen zu beziehen. Durch die Veränderungen in der Lebenssituation von Schülerinnen und Schülern, in der Berufs- und Arbeitswelt, in den Medien und in der Umwelt sehen sich Lehrkräfte zunehmend herausgefordert, ihre Bildungs- und Erziehungspraxis zu reflektieren und zu verändern.

Das Rahmenkonzept „Gestaltung des Schullebens und Öffnung von Schule“, das zu Beginn des Schuljahres 1988 vom damaligen Kultusministerium herausgegeben wurde, greift die vielen Initiativen von Lehrkräften, Eltern, Schülerinnen und Schülern und von außerschulischen Partnern auf. Auch in der aktuellen Diskussion über Wege zur Qualitätsverbesserung schulischer Bildung und Erziehung wird es als pädagogische Plattform genutzt, um Schulprogramme zu entwickeln. Hierzu formuliert das Rahmenkonzept vier zentrale Perspektiven:[2]

[2] Die vollständige Fassung des Rahmenkonzepts ist beim Landesinstitut für Schule und Weiterbildung zu erhalten.

Schule und Gemeinwesen - Lebensweltorientierung

Kinder und Jugendliche bringen Erfahrungen, Kenntnisse und Fähigkeiten ebenso wie ihre vorgeprägten Verhaltensorientierungen mit in die Schule. Indem schulisches Lernen sich darauf bezieht, gewinnt Unterricht an Nähe zur Lebenswelt. Das kommunale Umfeld bietet mit seinen dort vorfindbaren Einrichtungen, Gruppen und Personen ein Potenzial an Lernorten, wo Schülerinnen und Schüler Lerngegenstände konkret und anschaulich erkunden und bearbeiten können. Aus der Zusammenarbeit mit Partnern vor Ort erwachsen Chancen, nicht nur das Wissen und die Erfahrungen außerschulischer Experten zu nutzen, sondern auch von Seiten der Schule auf das schulische Umfeld einzuwirken. So werden Zusammenhänge herstellbar zwischen dem, was in der Schule fachlich aufgearbeitet wird und den Fragestellungen oder Problemen, die Kinder und Jugendliche im kommunalen Bereich betreffen.

Handlungs- und Erfahrungsorientierung – *Pädagogische Leitideen*:

Das Rahmenkonzept formuliert sechs pädagogische Leitideen, die für die Gestaltung von Öffnungsaktivitäten bedeutsam sind:

- Intensivierung und Erweiterung sozialer Beziehungen, d. h. sich mit sozialen, ökonomischen, kulturellen und Umweltbedingungen konkret auseinander zu setzen und neue soziale Erfahrungen zu erwerben.
- Selbsttätiges Erschließen von Wirklichkeit, d. h. Informationen zunehmend selbstständig vor Ort, bei verschiedenen Einrichtungen oder Personen zu recherchieren, sie verarbeiten und reflektieren zu lernen.
- Produktorientiertes Lernen und Arbeiten, d. h. Lernprozesse und Arbeitsergebnisse sach- und adressatengerecht mitzuteilen, sei es in der Schulöffentlichkeit oder außerschulischen Partnern gegenüber.

- Differenzierte Wahrnehmung und Aufarbeitung von unterschiedlichen Standpunkten, d. h. Fragestellungen und Probleme aus den verschiedenen Blickwinkeln der Beteiligten kennen zu lernen und bei der Lösungssuche zu berücksichtigen.
- Förderung der kreativen Gestaltungskräfte, d. h. kulturelle, musische, künstlerische und sportliche Angebote des schulischen Umfeldes in Unterricht und Schulleben einzubeziehen, um eine selbständige, phantasievolle Auseinandersetzung mit Wirklichkeit zu fördern.
- Förderung individueller Fähigkeiten und Interessen, d. h. in der Zusammenarbeit mit Vereinen, Experten, Eltern, Betrieben und kommunalen Einrichtungen die Möglichkeiten einer differenzierten Begabungsförderung anzureichern.

Vorhaben zur Gestaltung des Schullebens und Öffnung von Schule, die diese pädagogischen Leitideen verwirklichen, erweitern erfahrungsgemäß den Rahmen und die Perspektive des Unterrichtsalltags. Sie wirken sich positiv auf das Lernklima und die Leistungsbereitschaft der Schülerinnen und Schüler aus.[3]

Schule als Lebens- und Erfahrungsraum – Modell-Lernen

Die Art und Weise, wie Unterricht und Schulleben in der jeweiligen Schule gestaltet werden, prägen das Lern- und das Sozialverhalten von Kindern und Jugendlichen. Im Lebensraum Schule kommen Lernende aus unterschiedlichen Schichten, verschiedenen kulturellen und ethnischen Kontexten und verschiedenen Altersgruppen zusammen.

Wer im Unterricht lernt, sich gemeinsam mit anderen Sach- und Fachkenntnisse anzueignen, übernimmt Mitverantwortung für den Lernprozess und dessen Ergebnisse. Wer erfährt,

[3] Vgl. Haenisch 1998, 1999, 2000.

wie problemgerechte Lösungen davon abhängen, fachübergreifend Ansichten und Vorstellungen fundiert abzuwägen, gewinnt Einsichten in die Wechselwirkung von Kenntnissen und interessengeleitetem Handeln. Wo Schülerinnen und Schüler das soziale Miteinander in der Schule, das Schulgelände aktiv mitgestalten oder an außerschulischen Lernorten sich engagieren, bietet ihnen Schule einen Lern- und Erfahrungsraum zum Probehandeln mit Ernstcharakter. Dies fördert das bürgerschaftliche Engagement der Heranwachsenden und gestaltet Lernarrangements, in denen sie Verantwortung für das Gemeinwesen üben.

Schule als lernende Organisation – Schulentwicklung

Mit der Gestaltung des Schullebens und der Öffnung von Schule verändern sich Lehren und Lernen in der Schule. Erfahrungsgemäß sind viele Initiativen und Aktivitäten anfangs personell auf Einzelne oder kleine Gruppen begrenzt und konzentrieren sich auf einen Themen- oder Lernbereich. In dem Maße, wie Unterricht die Lebenswelt der Kinder und Jugendlichen einbezieht, das Verständnis von Schule als Lebens- und Erfahrungsraum im jeweiligen Kollegium wächst und die pädagogischen Leitideen verwirklicht werden, entwickelt sich die einzelne Schule in Teilbereichen oder als ganze: Lehrerinnen und Lehrer reflektieren und erweitern Lernformen im Unterricht, Schülerinnen und Schüler übernehmen stärker Verantwortung für Lernprozesse und das soziale Miteinander, Kontakte zu außerschulischen Partnern gestalten die Lehr- und Lernkultur mit, fachübergreifende Themen und projektorientiertes Arbeiten differenzieren die Organisationsformen des Unterrichtsalltags. Die Reichweite und Tragfähigkeit solcher Entwicklungen ist von Schule zu Schule verschieden, vor allem auch deshalb, weil die beteiligten Menschen diese Prozesse mit ihren Handlungsmöglichkeiten vor Ort prägen.

Thematische Akzente

Für Beruf und Arbeitswelt qualifizieren:

Berufswahlorientierung mit Lebensplanung verbinden, berufspraktische Erprobungen im In- und/ oder Ausland gestalten, Kooperation von Lernorten fördern, den Übergang von der Schule ins Berufsleben zukunftsorientiert vorbereiten

Verantwortung für das Gemeinwesen wahrnehmen:

Gewalt vorbeugen, Begegnung zwischen den Generationen stiften, mit und von Behinderten lernen, Konflikte bewältigen, in Jugendhilfe und Schule kooperieren, soziales und bürgerschaftliches Engagement fördern

Verständigung zwischen den Kulturen unterstützen:

Fremdenfeindlichkeit abbauen, internationale Begegnungen und Partnerschaften entwickeln, Mehrsprachigkeit fördern, kulturelles Bewusstsein stärken, kulturelle und ethnische Vielfalt schätzen lernen

Kulturelle und kreative Begabungen und Interessen fördern:

Künstlerische Ausdrucksformen erproben; ästhetische und kognitive Bildung verbinden, Schulleben und Gemeinwesen durch Musik, Theater, Zirkus bereichern; für einen mündigen Umgang mit „alten" / neuen Medien qualifizieren

Verantwortung für die Umwelt und eine nachhaltige Entwicklung stärken:

Flächen in Schule und im Gemeinwesen ökologisch gestalten, Energie- und Wasserverbrauch senken, Müll sortieren und vermeiden, Gesundheit fachübergreifend fördern, nachhaltige Entwicklung im Gemeinwesen mitgestalten (AGENDA 21)

Es ist das zentrale Anliegen des GÖS-Rahmenkonzepts, an der Gestaltung von Unterricht und Schulleben Beteiligte zu nachhaltigen Initiativen zu ermutigen und die oben skizzierten pädagogischen „Kerne" des Rahmenkonzepts zu verwirklichen[4].

Vom Rahmenkonzept zu den Rahmenbedingungen

Ein einzelnes Beispiel erzeugt noch keine Bildungsreform. Doch viele kleine Schritte können manches bewegen. Das Kürzel „GÖS" steht für ein Landesprogramm, das Schulen bei der Weiterentwicklung ihrer pädagogischen Praxis unterstützt, nach fachlicher Prüfung finanziell fördert und Kommunen sowie außerschulische Partner berät. Schulische Initiativen vor Ort werden von der Landesregierung und vielen Partnern vor Ort gefördert.

Landesweite Förderung

In den ersten acht Jahren wurden zwei Dutzend kommunale Modellvorhaben sowie rund 240 schulische Einzelvorhaben mit Landesmitteln unterstützt. Seit dem Schuljahr 1996/97 gibt es ein landesweites Ausschreibungsverfahren. Bisher hat sich jede dritte der 6739 Schulen in NRW daran beteiligt. Von 5381 beantragten Vorhaben wurden 70 % gefördert:

Jahr	Anträge	geförderte Vorhaben	davon Entwicklungsvorhaben.	Fördersummen	Beteiligte Kommunen
1996/97	795	604	50	1,745 Mio. DM	193
1997/98	1131	541	53	1,318 Mio. DM	203
1998/99	1013	789	53	1,700 Mio. DM	229
99/2000	1111	943	53	1,500 Mio. DM	253
2000/01	1331	906	60	1,500 Mio. DM	254
Summe	5381	3783	219	7,763 Mio. DM	353

[4] Beratung und weitere Materialien erhalten Sie über die GÖS-Arbeitsstelle im Landesinstitut.

Über 89 % der Kommunen in NRW partizipieren an diesem Landesprogramm. Im laufenden Schuljahr 2000/01 haben sich 1 012 Schulen von NRW mit 1331 Vorhaben um eine Förderung beworben; 906 Anträge aus 254 Städten und Gemeinden werden gefördert.

Themenschwerpunkte

Schulische Vorhaben setzen ihre Akzente und werden gefördert:

in den Bereichen:	1996/ 97	1997/ 98	1998/ 99	1999/ 2000	2000/ 01	Summe
Beruf und Arbeitswelt	99	103	113	142	124	581
Gemeinwesen und soziale Verantwortung	154	106	171	218	233	882
Interkulturelle Verständigung	56	61	84	73	108	382
Kultur	135	122	171	188	167	783
Umweltbildung	160	149	250	322	244	1125
Innovative Ganztagsangebote ab 2000/01					30	30
Summe der geförderten Projekte	604	541	789	943	906	3783

Einzelvorhaben

Für ihre Einzelvorhaben können Schulen Landesmittel bis zu 3000 DM beantragen. Die Förderung wird als Anschubfinanzierung verstanden.

Entwicklungsvorhaben

50 Vorhaben, d. h. zwei Schulen je Themenbereich und Bezirksregierung, werden landesweit mit zusätzlichen vier Entlastungsstunden gefördert, wenn sie modellhaft mehrere Vorhaben integrieren und sie für ihre innere Schulentwicklung nutzen. Sie sollten bereit sein, in einem Netzwerk mit Schulen

und Partnern zu arbeiten und Erfahrungen der Projektphase anderen Schulen weiterzugeben.

Beurteilungskriterien bei der fachlichen Prüfung

Die Vielzahl der Bewerbungen führt dazu, dass die Antragssummen nur zum Teil bewilligt werden können. Folgende Kriterien werden geprüft, jedoch verbietet es die große Bandbreite der schulischen Ansätze, formalistisch die 'gleiche Elle' anzulegen. Vielmehr muss die einzelne Projektdarstellung erkennen lassen, wie die Lehrkräfte:

- Schule als Lebens- und Erfahrungsraum weiter entwickeln wollen;
- Handlungs- und erfahrungsorientiertes Lernen gestalten;
- das Vorhaben mit dem Unterricht verbinden;
- mit außerschulischen Partnern (regional und/oder international) zusammenarbeiten und
- mit dem Vorhaben zur Schul(-Programm-)Entwicklung beitragen.

Schulen, in denen Lehrkräfte bereits auf mehrjährige Erfahrungen zurückgreifen können, müssen anspruchsvollere Projekte konzipieren als Anfänger. Immerhin liegt der Anteil der Schulen, die sich jährlich erstmals um eine Förderung bewerben, bei etwa 40 % der Anträge.

Das Rahmenkonzept wurde in den letzten zwölf Jahren für die Qualitätsverbesserung von schulischem Lernen und zur Entwicklung spezifischer Schulprofile genutzt. Im Bericht der Bildungskommission des Landes NRW zur Zukunft der Schule finden sich die Leitideen dieses Konzepts wieder. Die Schulen des Landes NRW verwenden diese zur Entwicklung von schulspezifischen pädagogischen Orientierungen in ihrem jeweiligen Schulprogramm und erproben einige Ansätze mit Hilfe der GÖS-Förderung.

Rollen außerschulischer Partner und Lernorte

Sie suchen die Kooperation mit außerschulischen Partnern bzw. nutzen außerschulische Lernorte für praxisnahes und handlungsorientiertes Lernen. Öffnung wird nicht nur im Sinne eines „nach außen Wendens“ der Schulen verstanden, sondern als Mittel, um Unterricht lebensnäher und schülerorientierter zu gestalten. Dort, wo außerschulische Partner an Unterricht und Schulleben mitwirken, helfen diese mit, Schule als Lebens- und Erfahrungsraum zu entfalten.

Regionale Foren erzeugen Impulse

Regionale Foren sind Großveranstaltungen des Landesinstituts für Schule und Weiterbildung in Zusammenarbeit mit der jeweiligen Bezirksregierung. Zahlreiche Schulen präsentieren ihre Praxisbeispiele und nehmen an einer regen Diskussion teil. Diese Foren bieten einer breiten Öffentlichkeit Gelegenheit, sich über den Entwicklungsstand von GÖS-Ansätzen zu informieren.

Erfahrungen in regionalen Treffen austauschen

Im Verlauf eines Schuljahres werden alle im Landesprogramm „Gestaltung des Schullebens und Öffnung von Schule“ geförderten Schulen einer Region zu einem gegenseitigen Erfahrungsaustausch eingeladen. Solche Treffen bieten die Gelegenheit, spezifische Fragen in Kleingruppen zu beraten und vielfältige Kontakte zu knüpfen.

Erfahrungen auswerten – in Praxismaterialien dokumentieren

Am Ende des Schuljahres beschreiben die Schulen ihre Erfahrungen. Diese Berichte werden u. a. von den GÖS-Beratern und Beraterinnen ausgewertet. Einige exemplarische Beispiele werden in Themenheften zusammengestellt.[5]

Internet

Zahlreiche Praxisbeispiele von Schulen in NRW sowie weiterführende Texte und Erfahrungen finden Sie im Internet unter: http://www.learn-line.nrw.de/angebote/goes

GÖS-Arbeitsstelle im Landesinstitut Soest

Sie berät Schulen, außerschulische Partner und Kommunen mit Hilfe von GÖS-Berater/-innen, die aus allen Schulformen kommend praktische Erfahrungen in vielfältiger Form sammeln, auswerten und vermitteln (u. a. Regionaltreffen, Beratung vor Ort). Über die GÖS-Arbeitsstelle im Landesinstitut erhalten Interessierte Hinweise, Anregungen und Materialien, die aus der Schulpraxis gewonnen wurden. Die Koordinationsstelle knüpft Kontakte zu Partnern auf regionalen und überregionalen Ebenen und fördert auch den Erfahrungstransfer zwischen Schulaufsicht, Kommunen, freien Trägern etc. Die Ergebnisse des GÖS-Landesvorhabens werden wissenschaftlich untersucht, auf Fachtagungen diskutiert und in einer Reihe von Veröffentlichungen dokumentiert[6].

Effekte

Rund zwei Dutzend kommunale Modellvorhaben und fast 3.800 Schulprojekte förderte das Land NRW seit 1989. Doch dieser ausschließliche Blick auf materielle Hilfen zur Gestaltung des Schullebens und Öffnung von Schule würde verdecken, was sich alles in den letzten Jahren entwickelte:

---

[5] Schriftliche Bestellungen an: DruckVerlag Kettler GmbH, Postfach 1150, 59199 Bönen, Fax: 02383/91013-40, Email: DruckVerlag@Kettler.do.uunet.de, Internet: http://www.DruckVerlag-Kettler.de

[6] Ein Schriftenverzeichnis ist erhältlich beim Landesinstitut für Schule und Weiterbildung in Soest.

Initiativen

Vielfältige schulische Initiativen, die auch ohne das Rahmenkonzept GÖS Unterricht und Schulleben lebensnäher gestalten. Sie erzeugen im lokalen und regionalen Umfeld, u. a. auch durch die Öffentlichkeitsarbeit der beteiligten Schulen und ihrer Partner, Aufmerksamkeit, schärfen das pädagogische Profil der Schule und liefern im sprichwörtlichen Sinne gute Beispiele für andere. Wachsende Ansprüche der Eltern fördern das Interesse, nicht nur mit dem obligatorischen Tag der offenen Tür einmal jährlich in der Presse zu erscheinen. Theateraufführungen, Umwelt- oder Medienprojekte sowie Schulpartnerschaften sind medienwirksamer zu präsentieren als ein pädagogisches Programm, das viele Seiten bedruckten Papiers umfasst.

Beratung

Erfahrungsaustausch und Beratung für Schulen, Eltern, Verbände, private und öffentliche Einrichtungen etc.; diese Dienstleistung erbringt das Landesinstitut für Schule und Weiterbildung in Soest. Entgegen aller öffentlich thematisierten Bedeutung der so genannten neuen Medien suchen Fachkräfte und interessierte Laien primär den unmittelbaren Kontakt mit Menschen, die ihnen neue oder weiterführende Erfahrungen erzählen können. Besonders glaubwürdig wirken Präsentationen am Ort des Geschehens, wenn beispielsweise Schüler/-innen vorführen, wie und was sie gelernt haben.

Legitimation:

Das Angebot zur Erweiterung von Handlungsspielräumen seitens des Schulministeriums, der Bildungskommission, der Fachwissenschaften und der Politik ermutigt die Praktiker/innen. Der Landtag NRW gab, und das charakterisiert das Landesprogramm GÖS besonders, mehrfach den politisch-parlamentarischen Auftrag, schulische Bildung und Erziehung in dieser Form weiter zu erproben und zu entwickeln, zuletzt Ende 1999. Legitimation funktioniert hierbei nicht nur über Willenserklärungen und Konzepte, vielmehr wirkt die – finanziell sehr beschränkte – Förderung als „Symbolic use of politics" oder verhaltenstheoretisch formuliert als intermittierender Verstärker für das Engagement von Lehrkräften, Lernenden und ihren Partnern.

Ein großer Teil der Lehrkräfte schätzt die Handlungsspielräume eher kleiner ein, als sie realiter in Richtlinien und Lehrplänen (inzwischen) formuliert sind. Nicht selten zeigen sie sich verunsichert und erwarten klare, fast rezeptähnliche Handlungsanleitungen mit eingebauter Garantie für das Gelingen. Eine große Bandbreite von Beispielen aus allen Schulformen und -stufen, die über das Angebot der Einzelfallberatung, in regionalen Treffen, Foren und Tagungen präsentiert und diskutiert wurden, hat vielen Lehrkräften geholfen, sich weitergehende Schritte zuzutrauen. Die landesweite Förderung dokumentiert jährlich, dass diese Entwicklung auch politisch gewollt wird. Sie bewirkt daher Mehrfaches[7]:

Pädagogische Profile und Schulprogramm ausgestalten

Vor Beginn des Schuljahres treffen Lehrkräfte und die Schulleitung pädagogisch-programmatische Entscheidungen, die oftmals weit reichende Folgen haben. Denn sie müssen in ihrem Konzept konkret beschreiben, welche pädagogischen Leitideen sie verfolgen, wie sie diese im Unterricht umsetzen wollen und welche Partner von außerhalb daran mitwirken. Der relativ hohe Grad an geforderter Konkretisierung beeinflusst die weitergehende pädagogische Planung dahingehend, das geplante Vorhaben ggf. auch ohne Landesförderung zu realisieren. Auf der anderen Seite öffnet diese Förderung Türen bei den Partnern vor Ort bzw. bei den kommunalen Stel-

[7] Vgl. Haenisch, 2000, S. 18.

len. Die GÖS-Beratungsgruppe moderiert den Erfahrungsaustausch zwischen rund 1000 Schulprojekten und ermöglicht authentische Einblicke in die Ansätze anderer Schulen, unterstützt den Blick über den eigenen 'Tellerrand' und fördert die Bereitschaft, von anderen (Lehrer/-innen oder außerschulischen Experten) zu lernen.

Pädagogische Orientierung in der Einzelschule verhandeln und erproben

Insgesamt sechs pädagogische Leitideen formuliert das Rahmenkonzept „Gestaltung des Schullebens und Öffnung von Schule". Deren zentrale Stichworte

- Lebenswelt erfahren,
- Selbsttätigkeit entfalten,
- produktorientiert lernen,
- Perspektivenwechsel üben,
- kreatives Gestalten und
- individuelle Fähigkeiten fördern

spiegeln keine „neue Lernwelt" oder klar objektivierbare Größen. Vielmehr liefern sie Kriterien, die in der Fachdiskussion für die qualitative Weiterentwicklung praktischer Ansätze genutzt werden (müssen). Zur Entwicklung innovativer Ansätze haben sich die Themenfelder

- Beruf & Arbeitswelt
- Gemeinwesen und soziale Verantwortung
- Interkulturelle Verständigung
- Kultur
- Umweltbildung

bewährt, weil sie den Akteur/-innen vor Ort erlauben, Schwerpunkte zu setzen. So können kleinere Gruppen etwas erproben, andere „dürfen zuschauen" und sich ein Beispiel nehmen. Etwas erproben zu können, schafft innovationswilligen Lehrkräften Handlungsspielräume, vermindert den gefürchteten Druck, mitmachen zu müssen und erlaubt Irr- bzw. Umwege, die bei Bedarf korrigiert werden können.

Schulgemeinde pflegen

In den Schulen müssen Schulleitung, Lehrer/-innen und Eltern entscheiden, ob und mit welcher thematischen Akzentsetzung ein Förderantrag über den Schulträger auf den Weg gebracht wird. Die Schulkonferenz setzt auf diese Weise pädagogische Impulse, die zumeist auf eine Lerngruppe, d. h. einzelne Klassen oder Jahrgangsstufen beschränkt sind. Nicht selten konkurrieren verschiedene Interessenten um Mehrheiten, Prioritäten, Ressourcen und Profilierungschancen. GÖS-Vorhaben unterstützen auf diese Weise auch die demokratische Willensbildung in den schulischen Gremien.

Außerschulische Partner gewinnen und beteiligen

Ebenso wie die Planung Verbindlichkeit nach innen erzielt, wirkt sie auch im Verhältnis zu außerschulischen Partnern. Im Vorfeld eines jeden Vorhabens erzeugen Verhandlungen wechselseitig eine ausgeprägte Bereitschaft, etwas gemeinsam Geplantes auch zu verwirklichen. Nicht allein eine oder mehrere Lehrkräfte stehen gegenüber den Partnern ggf. für das gegebene Wort ein, sondern der Ruf der ganzen Schule steht unter Umständen öffentlich zur Disposition, weil die Partner auch zur eigenen Imagepflege gerne mit Schule als Kooperationspartner werben. Dies gilt insbesondere für Betriebe. Insbesondere im Bereich der Berufsvorbereitung profitieren beide Seiten von der Zusammenarbeit: Über den Rahmen der üblichen Praktika hinaus erproben die Schulen diverse Formen, die sich auf mehrere Jahrgänge erstrecken. Jugendliche lernen auf diese Weise verschiedene Branchen kennen. Umgekehrt wachsen Verbindungen zwischen Betrieben und Schulen, in denen sie wechselseitig ihre Erwartungen ausbalancieren.

Kommune bzw. das Gemeinwesen mitgestalten

Heute stellt Schule die einzige Institution dar, die alle Kinder, Jugendlichen und junge Erwachsenen sozialisiert. Was wir wissenschaftlich als Gemeinwesen bezeichnen, nehmen viele Menschen zunächst als ihr unmittelbares Wohnumfeld wahr. Dies zu gestalten ist Aufgabe kommunaler Daseinsfürsorge(r/-innen) in kommunalen Fachdiensten und Einrichtungen. Natürlich darf hier die große Bandbreite freier Träger und Initiativen, kultureller und weiterbildender sowie sozialer und religiöser Einrichtungen etc. nicht übersehen werden. Ob es gelingt, das soziokulturelle Milieu seitens der verschiedenen Agenden vor Ort hinreichend in den Blick zu nehmen und bürgerschaftliches Engagement zu stärken, erscheint uns als die zentrale Herausforderung, lebenswerte Gemeinwesen zu entwickeln. Schulen und Einrichtungen der Erwachsenenbildung können hierbei eine ganze Menge bewirken. Den beiden christlichen Kirchen und ihren Institutionen fällt aufgrund deren Infrastrukturen und als „Tendenzbetrieben" hierbei eine besondere gesellschaftliche Rolle zu.

Leistungsmotivation fördern und Kultur der Kooperation entfalten

Getreu dem Motto „Tu Gutes und rede darüber" präsentieren sich die Lehrkräfte gerne mit den am Vorhaben Beteiligten (Lernende und Partner) und den Ergebnissen. „Wir führen ein vom Land NRW gefördertes Vorhaben durch." Dieses Etikett nutzen Schulleitungen als Möglichkeit, engagierte Lehrkräfte vor dem Kollegium, den Eltern oder der (lokalen) Öffentlichkeit auszuzeichnen.

Offenbar leisten die Lehrkräfte für das jeweilige GÖS-Vorhaben mehr als üblich, äußern sich jedoch zufriedener mit ihrem Beruf. Dieser Effekt resultiert unseres Erachtens aus mehreren Faktoren: Schüler/-innen verbessern ihr Sozialverhalten und steigern ihre Leistungsbereitschaft, so dass sich das Lernklima in den betroffenen Gruppen angenehmer gestaltet. Sowohl die Ergebnisse der schriftlichen Befragungen als auch eine Vielzahl von Aussagen in den Berichten dokumentieren, dass (und in welcher Weise) Schüler/-innen nachhaltiger in GÖS-Vorhaben als im herkömmlichen Unterricht lernen. Schließlich bekunden die Lehrkräfte ebenso klar, dass sie mit den beteiligten Kolleg/-inn/-en besser kooperierten.[8]

Erfahrungssicherung

Diese Effekte kennen wir aus den Erfahrungsberichten, die wir u. a. aus fünf Jahren landesweiter Förderung mit fast 3.800 Projekten erhalten haben. Jährlich berichten die Projektverantwortlichen in schriftlicher und mündlicher Form: Visitenkarten informieren über wesentliche Merkmale des Vorhabens; sie sind Teil der thematisch und geographisch regionalisierten „regionalen Treffen", an denen jeweils zwischen 50 und fast 100 % der eingeladenen Schulvertreter/innen teilnehmen (1–2 Mal jährlich). Etwa 50–70 % der Schulen senden uns (auf Anforderung) einen schriftlichen Erfahrungsbericht, deren Umfang von einer Seite bis zu etwa 250 Seiten mit Fotos, Videos oder CD-ROM reichen. Des Weiteren beteiligen sich die Lehrkräfte an einer qualitativen und statistischen Auswertung, deren Ergebnisse veröffentlicht wurden. Zu den genannten Themenbereichen haben wir rund 30 Hefte mit exemplarischen Beispielen herausgegeben. Die Ergebnisse der schriftlichen Befragungen haben wir in mehreren qualitativen und quantitativen Studien dokumentiert[9].

Beratung

Für jeden der genannten Themenbereiche – inzwischen wurde zu „innovativen Ganztagsangeboten" ein sechster Bereich etabliert – koordiniert eine Lehrkraft, mit halber Stelle Ent-

[8] Vgl. Haenisch, 2000, S. 14ff.
[9] Vgl. Haenisch 1998, 1999, 2000.

lastung vom Unterricht, das landesweite Beratungsangebot. Etwa sechs bis 12 Lehrkräfte je Bereich, insgesamt inzwischen 60, haben wöchentlich einen Arbeitstag zur Verfügung[10], um Schulen und ihre Partner vor Ort oder in den genannten regionalen Treffen zu beraten. Außerdem prüfen sie jährlich im Rahmen der Ausschreibung die eingegangenen Anträge. In jedem Jahr beraten wir mehr als 1.200 Schulen und ihre Partner und nutzen dabei die uns zugänglichen Erfahrungen. So fließen Beratung und Erfahrungssicherung spiralförmig ineinander, d. h. eine relativ praxisferne wissenschaftliche Auswertung gibt es nicht. Vielmehr unterziehen wir deren Resultate dem kritischen Urteil der GÖS-Berater/-innen und dem der begleiteten Schulen. Die Ratsuchenden erleben ein hohes Maß an direkter Partizipation, können diese Formen der Beratung zur individuellen Fortbildung und zur Profilbildung in ihren Bezugsgruppen (thematisch, regional, schulformbezogen etc.) nutzen.

Diese Elemente schaffen institutionalisierte Rahmenbedingungen mit einem hohen Maß an Selbstverantwortung und Eigenaktivität der Adressaten.

Öffentliche Präsentationen

So wie die vielen Schulen sich mit ihren GÖS-Vorhaben der öffentlichen Kritik (mehr oder weniger aktiv) stellen, hat das Landesinstitut erstmals 1989 im Landtag und ab 1995 in den fünf Regierungsbezirken so genannte GÖS-Foren durchgeführt. Darin präsentierten sich ausgewählte Schulen und ihre Partner und diskutierten ihre Erfahrungen mit den Teilnehmenden. Im letzten Jahr konnten wir mit mehr als 90 Ausstellern erneut zum Weltkindertag im nordrhein-westfälischen Landtag eine große Bandbreite praktischer Ansätze zur Gestaltung und Öffnung von Schule vorstellen.

[10] Die z. Z. 300 Entlastungsstunden entsprechen ca. 12 Lehrer-Planstellen.

Neben der symbolischen Bedeutung solcher Veranstaltungen für die öffentliche Wahrnehmung des Themas „Schule“ beobachten wir regelmäßig, dass sie auch verwaltungsintern, d. h. innerhalb der staatlichen bzw. kommunalen Verwaltung sowie auch jeweils schulintern ausstrahlen. – Wiederum kann man dies verhaltenstheoretisch deuten: Menschen nehmen sich ein Beispiel an Praxiserfahrungen, die sie als Modell für ihre eigenen Initiativen nutzen:

- Sie lassen sich „anstecken“, inhaltlich oder organisatorisch ihre Arbeit zu reflektieren.
- Sie üben sprachliches Probehandeln, indem sie mit den Ausstellenden über Gelingensbedingungen, Hürden oder Grenzen diskutieren.
- Sie knüpfen neue Kontakte oder bestätigen sich in ihrem Engagement.

Literatur

BILDUNGSKOMISSION NRW: Zukunft der Bildung – Schule der Zukunft. Neuwied, Kriftel, Berlin 1995.

DALIN, PER: Schule auf dem Weg ins 21. Jahrhundert. Neuwied 1997.

FEND, HELMUT: Gute Schulen – schlechte Schulen. Die einzelne Schule als pädagogische Handlungseinheit. In: Die deutsche Schule 78/1986, H. 3, S. 275–293.

FEND, HELMUT: Qualität im Bildungswesen. Schulforschung zu Systembedingungen, Schulprofilen und Lehrerleistung. Weinheim, München 1998.

GÜNTHER, HENNING: Öffnung von Schule und christliches Menschenbild. Eine kritische Betrachtung. In: Katholische Bildung, 91/ 1990, H. 6, S. 331–343.

HAENISCH, HANS: Was GÖS-Projekte in der Schule bewirken. In: Arbeitsberichte zur Curriculumentwicklung, Schul- und Unterrichtsforschung, Heft 48, Soest 1998.

HAENISCH, HANS: Effekte von Schulöffnung auf Lernqualität, Unterrichts- und Schulentwicklung. In: Arbeitsberichte zur Curriculumentwicklung, Schul- und Unterrichtsforschung, Heft 50, Soest 1999.

HAENISCH, HANS: Erfahrungen mit GÖS-Vorhaben. Ergebnisse der Befragung zu den Wirkungen des zweiten GÖS-Initiativprogramms im

Schuljahr 1997/98. In: Arbeitsberichte zur Curriculumentwicklung, Schul- und Unterrichtsforschung, Heft 51, Soest 1999.

HAENISCH, HANS: Evaluation des Landesprogramms GÖS. Eine empirische Studie. In: Arbeitsberichte zur Curriculumentwicklung, Schul- und Unterrichtsforschung, Heft 53, Soest 2000.

HAENISCH, HANS: Wie Schülerinnen und Schüler nachhaltiger lernen können. Ergebnisse einer Interviewstudie im Rahmen des Landesprogramms GÖS. – In: Arbeitsberichte zur Curriculumentwicklung, Schul- und Unterrichtsforschung, Heft 54, Soest 2000.

HOLTAPPELS, HANS GÜNTHER: Ganztagsschule und Schulöffnung. Perspektiven für die Schulentwicklung. Weinheim, München 1994.

HURRELMANN, KLAUS / RIXIUS, NORBERT / SCHIRP, HEINZ u. a.: Gewalt in der Schule. Ursachen – Vorbeugung – Intervention, Beltz-TB 50, Weinheim, Basel 1999, aktualisierte Neuausgabe.

KEMPFERT, GUY / ROLFF, HANS GÜNTER: Pädagogische Qualitätsentwicklung. Ein Arbeitsbuch für Schule und Unterricht. Weinheim 1999.

LANDESINSTITUT FÜR SCHULE UND WEITERBILDUNG (Hrsg.): Von ersten Ansätzen bis zum Schulprogramm. Gestaltung des Schullebens und Öffnung von Schule. Soest 1997.[11]

MARCZINSKI, ALMUT / RIXIUS, NORBERT: Wie Lehren und Lernen sich verändern können. In: Schule auf neuen Wegen. Jahrbuch des Landesinstituts für Schule und Weiterbildung. Soest 1996, S. 249–260.

RIXIUS, NORBERT: Ganztagsangebote und Kooperationen im Bereich Schule In: Deinet, Ulrich (Hrsg.): Schule aus – Jugendhaus? Münster 1996, S. 228–239.

ROEDER, PETER M.: Spielräume im Schulalltag. Initiativen an der Basis. Max-Planck-Institut für Bildungsforschung, Forschungsbereich Schule und Unterricht, H. 18/ SuU, Berlin 1987.

RÖSNER, ERNST: Schulentwicklung und Schulqualität. Dortmund 1999.

SCHIRP, HEINZ: Gestaltung und Öffnung von Schule. Ein pädagogischer Ansatz zur Weiterentwicklung von Unterricht und Schulqualität. In: Arbeitsberichte zur Curriculumentwicklung, Schul- und Unterrichtsforschung, Heft 40, Soest 1996.

[11] Weitere Veröffentlichungen des Landesinstituts für Schule und Weiterbildung zum Landesprogramm Gestaltung des Schullebens und Öffnung von Schule finden Sie im Internet unter: http://www.lsw.nrw.de/lswhome/vzchn/g%F6s.htm.

STEFFENS, ULRICH / BARGEL, TINO: Qualität von Schule. Ein neuer Ansatz der Schulentwicklung. In: Erkundungen zur Wirksamkeit und Qualität von Schule. H. 1, Hessisches Institut für Bildungsforschung und Schulentwicklung (HIBS), Wiesbaden, Konstanz 1987, S. 1–20.

TILLMANN, KLAUS-JÜRGEN: Was ist eine gute Schule? Hamburg 1989.

ZIMMER, JÜRGEN / NIGGEMEYER, ELISABETH: Macht die Schule auf, lasst das Leben rein. Von der Schule zur Nachbarschaftsschule. Weinheim, Basel 1986.

ZITA GÖTTE

Schule und Nachbarschaft

Das Beispiel der Koordinierungsstelle zur Gestaltung des Schullebens und Öffnung der Schule in der Stadt Solingen

Von Ende 1987 bis in diese Tage existiert das sog. Projekt „Nachbarschaftsschule“ bzw. seit 1993 eine Koordinierungsstelle zur „Gestaltung des Schullebens und Öffnung der Schule“ – kurz GÖS genannt – orientiert an dem NRW-Landesprogramm mit gleichem Titel bei der Schulverwaltung der Stadt Solingen.

Die Hauptaspekte der genannten Koordinierungsstelle bestehen darin, Schulen und außerschulische Partner zu beraten bei einer gemeinwesenorientierten Gestaltung des Schullebens und des Unterrichts. Im Folgenden werden an der Arbeit dieser Stelle orientierte Erfahrungen dargestellt. Vorausgesandt sei noch, dass man sich zu Beginn der Entwicklung dieser Arbeit dazu entschloss, den Begriff der „community schools“ mit „Nachbarschaftsschule“ zu übersetzen.

Im Laufe der Entwicklung der diversen Facetten in der Schullandschaft kam es auch zu einer vielfältigen Vernetzung auf der kommunalen Ebene wie

Bündelung in thematischen Schwerpunkten

Offene Arbeitskreise zu Themenbereichen wie „Ökologie“, „Elternarbeit“ u. a. tauschten auf kommunaler Ebene Erfahrungen aus, disktutierten Ansätze, mögliche Entwicklungen und gemeinsame Vorhaben. Beteiligt haben sich hier Lehrende, Lernende, Eltern, außerschulische Partner und kommunale Stellen, die von Zeit zu Zeit auch stadtweite Initiativen zusammen durchführen.

Beratung und Konzeptentwicklung gemeinwesenorientierter schulpädagogischer Profile

Dies kann zum Beispiel bedeuten, vor Ort den einzelnen Schulen Anregungen für eine pädagogische Weiterentwicklung von Öffnungsansätzen zu vermitteln, außerschulische Partner für die Zusammenarbeit mit Schulen zu gewinnen und stadtteilbezogene Netzwerke aufbauen zu helfen.

Vermittlung zwischen verschiedenen Verwaltungsfachbereichen und -ebenen auf kommunaler und Landesebene

So wie die unterrichtliche Praxis sich auf verschiedene gesellschaftliche Bereiche bezieht, wird diese auch vom Handeln mehrerer Verwaltungsbereiche und -ebenen beeinflusst. Die Koordinierungsstelle fungiert als Mittlerin zwischen Schulen und kommunalen Stellen sowie zwischen der Kommune als Schulträgerin und der staatlichen Schulverwaltung auf Regierungs- und Landesebene.

Kontakte zur Fachöffentlichkeit zu anderen Kommunen / internationaler Austausch

Beratung und Koordination vielfältiger Initiativen zur Entwicklung gemeinwesenorientierter Schulprogramme erfordert, Erfahrungen aus anderen Kommunen und Regionen mit denen vor Ort zu vergleichen. Umgekehrt hat das Solinger Beispiel viele Nachfragen von außerhalb beantwortet. Inzwischen entwickelte sich die Zusammenarbeit mit mehreren Kommunen im europäischen Ausland, an der Personen aus Schulen, außerschulische Partner und Kommunalverwaltungen bzw. -politik beteiligt sind. Bei der Entwicklung neuer kommunaler Steuerungsmodelle helfen solche Kontakte allen Beteiligten über den jeweiligen Tellerrand hinauszublicken und Schulentwicklung als Teil der Entwicklung des Gemeinwesens zu gestalten.

Exemplarische Beispiele aus der Praxis

Hausaufgabenhilfeprojekt

Mehr als 30 Oberstufenschülerinnen und Oberstufenschüler verschiedener Nationalitäten betreuen an ein oder zwei Nachmittagen pro Woche Schülerinnen und Schüler der Klassen 2–4 an benachbarten Grundschulen bei ihren Hausaufgaben und ermöglichen diesen Kindern dabei, neue soziale Erfahrungen zu sammeln. Für die älteren Schülerinnen und Schüler werden Verbindungen zum fachlichen Lernen (wie Erziehungs- und Sozialwissenschaften) erkennbar und sie erleben im Sinne sozialen Lernens eine Vielzahl pädagogischer und psychologischer Effekte – sei es z. B. durch die Vorbildrolle gegenüber den Jüngeren oder dadurch, dass sie Verantwortung für diese übernehmen. Die betreuten Grundschülerinnen und Grundschüler können neue Erfahrungen mit Schule außerhalb des Unterrichts gewinnen, aber auch neue Beziehungen innerhalb der Gruppe und zu den Jugendlichen entwickeln. Gerade für schwächere Schülergruppen kann diese Unterstützung zu einem neuen Verständnis von Schule führen und diese „anders“ erleben lassen.

Schulgeländearbeit

Jede Schule wird in ihrem Schulleben nicht nur das Gebäude, sondern auch durch die diese umgebende Fläche gestaltet. Gerade in Grundschulen, aber auch in weiterführenden Schulen zeigte sich in den vergangenen Jahren, wie wesentlich es ist, diese Flächen für die unterschiedlichen Schülergruppen mit deren differenzierten Interessen und Aktionsformen zu untergliedern, Nischen anzubieten und Schüler, Eltern und andere Personen an dieser Gestaltung entsprechend ihren Kompetenzen zu beteiligen. Nicht nur die Ideen und Kreativität von Kindern und Jugendlichen sind für die Planung bedeutend, auch deren Beteiligung bei der Realisierung ist für die

Identifikation mit diesem Lebens- und Erfahrungsraum wesentlich. Weiterhin sind die Übernahme von Teilverantwortung für Flächen, evtl. mit Nachbarn oder Großeltern wichtig.

Inzwischen konnte eine Reduktion von Aggressionen und Vandalismus auf umgestalteten Schulgeländen verzeichnet werden.

Eltern- und Schülermitwirkung

Die Bestimmungen des Schulmitwirkungsgesetzes führen nicht automatisch zur Partizipation von Schülern und Eltern im Schulleben. Vielmehr bedürfen diese Gruppen der Unterstützung, der Information und des Austausches über Erfahrungen in der Mitgestaltung der Schulprogramme. Die Einbindung als gleichberechtigte Partner in Aktivitäten der Schulen trägt nicht nur zur Verfestigung dieser Aspekte bei, sondern führt auch zu neuen Aktivitäten wic z. B. Rockfestivals, Stadtschulpflegschaft u. a. mehr in der Ausgestaltung der Schullandschaft einer Kommune.

Das Solinger Beispiel zeigt, dass Öffnung von Schule kein isolierter schulischer Prozess sein muss, sondern dass diese eine Dimension der Entwicklung eines Gemeinwesens darstellen kann.

ANNETTE CZERWANSKI

Kooperation in Schule und Kommune – oder: Was hat regionale Schulentwicklung in Kanada mit Deutschland zu tun?

Mit diesem Beitrag soll der „Blick über den Zaun" über andere Bundesländer und europäische Staaten hinweg nach Kanada gerichtet werden; genauer gesagt auf den Distrikt Durham in der südost-kanadischen Provinz Ontario. In diesem Distrikt, der als Verwaltungseinheit etwa mit einem Landkreis in der Bundesrepublik vergleichbar ist, hat in weiten Teilen etwas stattgefunden, das Schulentwickler aller Couleur nicht nur in Deutschland, sondern auch im internationalen Kontext beeindruckt: eine flächendeckende Veränderung der einzelschulischen Kultur durch einen Paradigmen-Wechsel im Verständnis von Lernen und Lehren bei allen am Schulleben Beteiligten. Im Distrikt Durham – und damit im Einzugsbereich des Durham District School Board als zuständiger Schulbehörde – haben sich nicht nur einzelne Schulen auf den Weg gemacht, sondern auch die Schulaufsicht und die Partner aus dem schulischen Umfeld. Gemeinsam haben sie eine neue Lehr- und Lernkultur in den Schulen initiiert und unterstützt.

Das kanadische Beispiel des Durham Board of Education wird hier gewählt, weil es besonders konsequent, erfolgreich und gut dokumentiert ist. In seiner Ganzheitlichkeit ist es vielleicht nach wie vor einmalig. Ähnliche Erfahrungen, v. a. in Teilbereichen des im folgenden beschriebenen Prozesses, liegen jedoch auch in Dänemark (v. a. im System der beruflichen Bildung, vgl. UNTERRICHTSMINISTERIUM Dänemark 1999; BERTELSMANN STIFTUNG 1999a), in einigen Schweizer Kantonen (v. a. GENF; vgl. GROUPE DE PILO-

TAGE 1999, BERTELSMANN STIFTUNG 1996: 113ff.; 1998: 55ff.) oder im autonomen Südtirol (für die deutschen Schulen; vgl. MERANER. 1999; PÄDAGOGISCHES INSTITUT, 2000) vor. Im Folgenden werden zunächst das Durham District School Board und die dort fokussierten Lehr- und Lernformen vorgestellt, bevor die kanadischen Erfahrungen zu zwei zentralen Strategien des Wandels gebündelt werden; zwei Strategien, die auch uns in Deutschland Hinweise darauf geben, wie eine neue Lehr- und Lernkultur an den Schulen entstehen und gestützt werden kann. Schließlich wird aufgezeigt, wie eine Region in Nordrhein-Westfalen versucht, diese Schlussfolgerungen modellhaft für sich umzusetzen und ihrerseits eine regionale Bildungslandschaft im Sinne Durhams aufzubauen.

Das Durham District School Board in Ontario, Kanada

Der Distrikt Durham in der südost-kanadischen Provinz Ontario grenzt unmittelbar an Toronto und verfügt heute über 113 Schulen mit etwa 60.000 Schülerinnen und Schülern und 3.500 Lehrkräften. Etwa 80% der Schulen sind Elementarschulen (Jg. 1 bis 8), etwa 20% sind Sekundarschulen (Jg. 9 bis 12). Bei allen diesen Schulen handelt es sich um öffentliche Gesamtschulen, die von 90% aller schulpflichtigen Kinder und Jugendlichen des Distrikts besucht werden; nur 10% gehen auf private Schulen. Die Provinz Ontario finanziert die Schulen zu etwa 40%, die restlichen Mittel werden von den Kommunen aus Steuergeldern aufgebracht. Das Durham District School Board als lokale Schulbehörde verwaltet diese Mittel und nimmt – wie auch die Boards der anderen Distrikte in Ontario – die Aufgaben der Schulaufsicht, der Lehrerfortbildung und der Curriculumentwicklung wahr. Das Board ist außerdem Arbeitgeber für das gesamte in den Schulen tätige Personal, stellt es eigenständig ein, sorgt als Sachaufwandsträger für die sächliche Ausstattung der Schulen und organisiert die Zusammenarbeit zwischen Schulen und Gemeinden. Dem Board sitzen Kuratoren vor (im Durham Board sind es 15), die alle drei Jahre auf kommunaler Ebene gewählt werden. Als staatliche Behörde arbeitet das Board – wie auch die anderen School Boards in Ontario – nach den Vorgaben der Provinz-Regierung (vergleichbar mit einer deutschen Landesregierung). Die Provinz setzt die Rahmenbedingungen und achtet auf die Vergleichbarkeit der Lernergebnisse und Leistungen der einzelnen Schulen. Die Umsetzung und Auslegung der Rahmenbedingungen werden den lokalen Boards überlassen, wobei sich in den letzten Jahren abzeichnet, dass der Spielraum auch für kanadische Verhältnisse immer enger wird.

In den 1980er-Jahren war das Durham Board Schlusslicht im Vergleich zu anderen Schuldistrikten in Ontario. Bei dem in den Provinzen üblichen Ranking der School Boards anhand der Schülerlernleistungen schnitt das Durham Board am schlechtesten ab. Daraufhin ergriffen Vertreter der Schulen und des Boards die Initiative; sie spürten, dass die Menschen vor Ort die schulische Bildung verbessern wollten und bereit waren für Veränderungen. Innovative Entwicklungen, die parallel dazu andere Lebensbereiche prägten, fanden Eingang in diesen Prozess: In der Automobilindustrie, die die Region Durham stark prägt, diskutierte man seinerzeit die Nachteile starrer Hierarchie und strikter Arbeitsteilung und führte die Gruppenarbeit ein. Am Massachusetts Institute of Technology (MIT) in Boston formte PETER SENGE den Begriff der „Learning Organization“ (vgl. SENGE, 1990). Und die Erkenntnisse der pädagogischen und psychologischen Forschung machten deutlicher denn je, wie Lernprozesse erfolgreich angelegt werden können, welche alternativen Lehr- und Lernformen in der Schule tragfähig sind, wie unser Gehirn arbeitet und was wir ihm wie „anbieten“ müssen, um zu lernen. Dennoch, so macht die damalige Direktorin des Durham Board deutlich, gründete die Reform in Durham sich „nicht auf überraschende und brilliante Innovationen. Sie fand statt, weil die Menschen ihre Bemühungen verstärkten, auf gemeinsamen Vorstellungen aufzubauen.“ (LAING, 1998: 71). Einen Einblick in das, was acht Jahre später im Durham Board passiert war, vermittelt der Journalist REINHARD KAHL:

„Am Durham Board erlebt man, wie einer lernenden, sich selbst steuernden Organisation etwas gelingt, was Einrichtungen, die von außen durch Vorschriften ferngesteuert werden, nicht schaffen: eine Atmosphäre, in der Lehrer und Schüler das Risiko von Lernprozessen wagen. Der Trugschluss, Lernen durch Kopieren fertiger Lösungen fördern zu können, ist so kräftezehrend wie unergiebig. Die Durham-Idee dagegen ist einfach, wenn auch manchmal schwer zu verwirklichen: ‘Unsere Strategie ist, dass Lehrer lernen. Schüler, die lernen, sind dann unsere Ernte.“ … „Lernen wird heute unvermeidlich, auf allen Ebenen und in vielen Spielarten. Wenn z.B. 80% der Technologien, die heutige Schüler später benutzen werden, noch gar nicht erfunden sind, dann müssen Kinder in Schulen vor allem die Erfahrung machen, Wissen selbst zu entwickeln. Herkömmliche Schulen haben Ausführende herangezogen. ‘Jeder Lernende hat seinen eigenen mentalen Fingerabdruck’, sagt NORM GREEN vom Durham Board of Education und berichtet von einer Studie kanadischer Hirnforscher. Danach ist das Gehirn von Schülern den ganzen Tag nie schwächer erregt, als während des Schulunterrichts. Unser individuellstes Organ will individuell angesprochen werden, sonst döst es dahin. Welch eine Verschwendung.“ (KAHL, 2000: 48f.).

Im Herbst 1996 wurde das Durham District School Board von der Bertelsmann Stiftung als das seinerzeit weltweit innovativste Schulsystem ausgezeichnet, weil dort – um mit den Worten KAHLs zu sprechen – wenig verschwendet wird. Zuvor hatte eine internationale Expertenkommission aus Vertretern von Schule, Elternschaft, Wirtschaft, Kommunen, Ministerien und Wissenschaft die Auswahlkriterien für innovative Schulsysteme festgelegt[1] und nach umfassenden Vor-Recherchen sieben Länder bestimmt, die in die engere Auswahl für den Preis einbezogen wurden. Mit Kanada konkurrierten damals Schottland, Neuseeland, die Niederlande, Norwegen, die Schweiz und Ungarn. Das Bestechende und letztlich Ausschlaggebende am Durham Board war und ist, dass es sich gemeinsam mit allen Schulen seines Zuständigkeitsbereiches erfolgreich auf einen kulturellen Wandel eingelassen hat. In einem achtjährigen Prozess war aus einer klassischen Behörde ein Dienstleistungszentrum für öffentliche Schulen geworden. Dieser Wandel ist bis heute sowohl im Board als auch in den Schulen zu spüren: Superintendenten (in etwa vergleichbar mit Schulaufsichtsbeamten in Deutschland), Schulleitungsmitglieder, Lehrkräfte, Eltern und Gemeinde-Vertreter haben es geschafft, eine neue Lehr- und Lernkultur zu etablieren. Neben den fachlichen Inhalten wollten sie der Persönlichkeits- und Teamentwicklung im Lernprozess der Schülerinnen und Schüler größeres Gewicht verleihen. Sie machten das schüleraktive Lernen durch das „Cooperative Learning" zum Dreh- und Angelpunkt ihres Wandlungsprozesses.

Neue Lehr- und Lernformen im Durham Board: „Cooperative Learning"

Beim *Cooperative Learning* handelt es sich nicht um den klassischen Gruppenunterricht, sondern um einen umfassenderen Ansatz, der die Lernenden systematisch in einen aktiven, an einem gemeinsamen Ziel orientierten und schülerzentrierten

[1] Acht Kriterien wurden aufgestellt: 1. Orientierung an der Lern- und Lebenssituation von Kindern und Jugendlichen; 2. Innovation und Evolution; 3. Potenziale der Mitarbeiterinnen und Mitarbeiter; 4. Innovatives Führungssystem; 5. Beteiligung von Schülerinnen und Schülern, von Eltern und Institutionen; 6. Kooperation der Einzelschule mit Entscheidungsträgern; 7. Evaluation und Qualitätssicherung; 8. Staatliche Rahmenbedingungen für innovative Schulentwicklung (vgl. Bertelsmann Stiftung 1996).

Lernprozess einbindet. Dabei werden Gruppenfähigkeit, Problemlösefähigkeit und weiterführende Lernstrategien nach und nach entwickelt und eingeübt. Cooperative Learning bedeutet, für den gemeinsamen Erfolg zu lernen, und ergänzt damit das individualistische Lernen („Ich lerne für meine gute Note.“) und das wettbewerbsorientierte Lernen („Ich lerne, damit ich besser bin als mein Nachbar“), die im traditionellen Unterricht dominieren. Die fünf zentralen Elemente des Cooperative Learning, die es nach und nach zu entfalten gilt, sind:

- die positive Abhängigkeit innerhalb der Gruppe (z.B. im Hinblick auf das Ziel, die zur Verfügung stehenden Ressourcen oder das situative Umfeld),
- die Verantwortung für sich und die Gruppe,
- die unmittelbare und persönliche Interaktion der Gruppenteilnehmer,
- die Gruppenfähigkeit und
- die Reflexion des Gruppenprozesses.

Diese fünf Elemente sind im traditionellen Gruppenunterricht in der Regel nicht zu finden, sie sind auch nicht sein Ziel. Vielmehr erfolgt die Bearbeitung der Aufgabe, die einer Gruppe gestellt wird, zumeist von nur einem oder zwei Gruppenmitgliedern; der Lehrer oder die Lehrerin setzt die sozialen Fähigkeiten, ohne die eine effiziente Gruppenarbeit nicht möglich ist, entweder voraus oder ignoriert sie, und er/sie begleitet und bewertet den Lernprozess rein aufgabenbezogen; die sozialen Prozesse (Beziehungsebene) spielen keine Rolle. Eben diese Aspekte sind es aber, die das Cooperative Learning so wirksam machen. Der Ansatz des Cooperative Learning wurde bereits in den 1960er-Jahren von ROGER und DAVID JOHNSON (1989, 1995) entwickelt, beschrieben und in Bezug auf seine nachhaltige Lernwirkung untersucht (vgl. auch jüngste Ergebnisse aus Deutschland bei GESE u. a. 2000). Das Cooperative Learning basiert im Wesentlichen auf den Erkenntnissen der lernpsychologischen Forschung, denen zufolge wir dann am meisten lernen, wenn wir über einen Lerninhalt diskutieren, ihn selbst erfahren oder ihn an andere weitergeben[2]. Am Durham Board wurde über die Jahre in enger Kooperation mit der Universität Toronto eine breite Palette von zum Teil mehr, zum Teil weniger komplexen „instructional skills" (vgl. BENNETT, 1991) entwickelt (wir würden von didaktisch-methodischen Strategien sprechen), die im Unterricht ganz praktisch anwendbar sind und die in den Trainings mit den Lehrkräften auf die gleiche Art und Weise geübt werden, wie sie später mit den Schülern zur Anwendung kommen. In die Unterrichtsarbeit mit dem Cooperative Learning am Durham Board wurden zudem weitere Forschungserkenntnisse integriert, z.B. die von HOWARD GARDENER (1993) über multiple Intelligenzen oder die Arbeiten BUZANs (1990) zum Mind-Mapping. Darüber hinaus erhielten die Lehrkräfte ganz praxisrelevante Trainings zu Fragen des „Classroom Management", also des alltäglichen Umgangs mit der sozialen Situation in der Klasse, oder auch theoretisches Grundlagenwissen zur Arbeitsweise des Gehirns, das wiederum mit der praktischen schulischen Arbeit eng verknüpft wurde. Bei all dem wurde und wird das Cooperative Learning immer als ein möglicher Zugang gesehen, der neben anderen didaktisch-methodischen Zugängen wie dem entdeckenden Lernen, dem problemorientierten Lernen, dem Lehrervortrag, dem fragend-entwickelnden Unterricht, der Einzelarbeit etc. steht (vgl. BENNETT/ GREEN, 1995). Mit dem Einsatz des Cooperative Learning traten auch alternative Formen der Leistungsbewertung neben Tests und Klausuren: Es wurden unter anderem Ansätze und entsprechende Fortbildungen zu Schüler-Leistungsmappen, so genannten „Portfolios", und zur Schüler-Selbstevaluation entwickelt (vgl. z.B. ROLHEISER,

[2] Grob gesagt behalten wir 10% dessen, was wir lesen, 20% dessen, was wir hören, 30% dessen, was wir sehen, 50% dessen, was wir hören und sehen, 70% dessen, was wir mit anderen diskutieren, 80% dessen, was wir selbst erfahren und 90% dessen, was wir anderen erklären (vgl. BENNETT, 1991).

1996). Die Schüler sollen lernen, sich neben den vorgegebenen Zielen eigene Ziele zu setzen, ihren Lernprozess zu reflektieren und ihre Zielerreichung selbst einzuschätzen.

Strategien des Wandels im Distrikt Durham

Das Besondere am Durham Board ist, dass das Cooperative Learning nicht an einer oder fünf Modellschulen eingeführt wurde; es hat tatsächlich alle 113 Schulen des Board erreicht, d.h. alle Schulleitungsmitglieder, Lehrer, Schüler und auch viele Eltern, die in Durhams Schulen arbeiten und lernen. Um dies zu ermöglichen, standen – übrigens zu einer Zeit, in der auch in Kanada immer weniger öffentliche Mittel für die Schulen bereitgestellt wurden (und werden) – zwei Strategien des Wandels im Zentrum: das konsequente systemische Denken und Handeln, d.h. das Einbinden unterschiedlicher Akteure in den Veränderungsprozess, und eine konsequente Personalentwicklungsstrategie, d.h. eine Qualifizierungsoffensive für die Mitarbeiter des Board, für die Lehrer und Schulleiter.

Systemisches Denken und Handeln: Einbinden der Schule, der Schulaufsicht und der Partner vor Ort

Angesichts des schlechten Abschneidens bei den provinzweiten Tests im Jahr 1988 setzten sich in Durham Lehrer, Schulleitungen, Vertreter des Board und Wissenschaftler der Universität Toronto in einem „Lernkonsortium" zusammen. Sie wollten einen Reformprozess in den Schulen des Board initiieren, um die Schülerleistungen zu verbessern. Alle waren sich darin einig, dass eine solche Schulreform im Klassenzimmer beginnen, aber zugleich die gesamte Schule einbeziehen müsse. Sie stützten sich bei ihren strategischen Überlegungen auf PETER SENGEs Erkenntnisse zur Lernenden Organisation, die sich

sich u.a. durch systemisches Denken und Team-Lernen auszeichnet. Systemisch Denken bedeutet vor allem, die ein System umgebenden Systeme mit zu berücksichtigen, gegenseitige Abhängigkeiten zu erkennen und Personen einzubeziehen. Daher war der Ausgangspunkt für die Arbeit des Lernkonsortiums eine Befragung unter allen Personen, die lokal und regional in die Bildungsarbeit der Schulen eingebunden waren: Mitarbeiter des Board, Lehrer, Schulleitungen, Schüler, Eltern, Betriebe und Gemeindevertreter waren aufgefordert, die Leistungen des Board zu reflektieren und Verbesserungswünsche zu äußern. Aus den Ergebnissen erstellte das Lernkonsortium das erste „Mission Statement" des Durham Board als Leitbild für die Schulentwicklung in der Region. Es benannte konkrete Ziele der Bildungsarbeit vor Ort und leitete die notwendigen strategischen Maßnahmen in einem „System Plan" ab. Seitdem werden Ziele und Maßnahmen alle drei Jahre überprüft und gegebenenfalls verändert.

Das Mission Statement stellt bis heute die Schülerinnen und Schüler in ihrer fachlichen und persönlichen Entwicklung in den Mittelpunkt. Der System Plan weist als Ziele z.B. aus:

- bei Entscheidungsfindungen die Sicht auf die Schüler einzunehmen und zu bewahren („Students first"),
- Lernangebote bereitzustellen, die ebenso für den Wissenszugewinn wie auch für die künstlerische, ethische, soziale, emotionale und körperliche Entwicklung aller Schüler förderlich sind („Holistic Learning"),
- Schulabgänger zu entlassen, die auf die Arbeitswelt des 21. Jahrhunderts vorbereitet sind („Employability Skills"),
- die Schüler darin zu bestärken, für ihren persönlichen Erfolg verantwortlich zu sein, Erfolg zu erfahren und schätzen zu lernen („Personal Success"),
- die individuelle Verantwortung für die Gemeinschaft und die Umwelt zu stärken („Citizenship"),
- ein Klima des Respekts gegenüber sich selbst und anderen zu stärken („Respect"),

- die professionelle Entwicklung aller Lehrer voranzutreiben, um anregungsreiche Lernumgebungen zu schaffen („Continuous Improvement“) und
- die Zusammenarbeit von Eltern, Schülern, Pädagogen, Unternehmen und Gemeinde-Gruppen zur Unterstützung einer qualitativ hochwertigen Bildung und Erziehung voranzutreiben („Partnership“).

Konkreter sind die Maßnahmen formuliert, zu denen sich das Board verpflichtet und die im jüngsten System Plan (1998–2001) in fünf Feldern angesiedelt sind:

- Qualität des Lehrens und Lernens,
- Möglichkeiten lebenslangen Lernens,
- Rechenschaftslegung und Verantwortung,
- Kommunikation,
- Chancengleichheit.

Die Befragungsergebnisse, die 1989 zum ersten System Plan geführt hatten, nutzte das Durham Board zugleich, um seine Personalentwicklungsstrategie zu verändern und stärker selektiv bei den angebotenen Fortbildungen vorzugehen: „We stopped providing a never-ending and unconnected smorgasbord of activities from which teachers were to select.“ (BENNETT / GREEN, 1995: 31). Dabei wurde das Cooperative Learning als neue Lehr- und Lernform in den Vordergrund gestellt, weil es bei vielen Lehrern gefragt war; es sollte zudem in der regionalen Schulentwicklungskultur verankert werden. Ein Großteil der zur Verfügung stehenden, knappen Mittel wurde in eine umfassende, systematische und konsequente Fortbildungs-Offensive mit klarer Multiplikationsstrategie investiert.

Personalentwicklungsstrategie: Systematische Lehrerfortbildung in Teams

Das theoretische Modell, das Ausgangspunkt der Personalentwicklungsstrategie in Durham war, stellt den „Teacher as a Learner“, also den Lehrer als Lernenden, in den Mittelpunkt aller Bemühungen zur Schulentwicklung (vgl. Abb. 1). Der Lehrer bzw. die Lehrerin kann durch Erweiterung seiner bzw. ihrer pädagogischen Fähigkeiten (v. a. Methoden-Repertoire, diagnostische Fähigkeiten, systematische Reflexion und Kooperation) sowohl zur Verbesserung des Unterrichts als auch zur Verbesserung der Schulqualität insgesamt beitragen. Dies geschieht einerseits, indem das neu Gelernte in den Unterricht einfließt und dort die verfügbaren didaktisch-methodischen Strategien und Fertigkeiten, das Klassenführungsverhalten („classroom management“) und das fachliche Wissen ergänzt. Es geschieht andererseits, indem das neu Gelernte die Kooperation im Kollegium berührt bzw. kollegiale Kooperation und kollegiale Strukturen nach sich zieht und Teil des gemeinsamen Ziels der Schule wird. Damit ist der „Lehrer als Lernender“ das Bindeglied zwischen den Verbesserungen im Klassenzimmer (Unterricht) und den Verbesserungen der Schule als „Ganzes“.

Das Durham Board schickte zunächst 20 Mitarbeiter, Lehrer und Schulleitungsmitglieder als Multiplikatoren zu einer siebentägigen *Sommerakademie*, die das Lernkonsortium organisiert hatte. Als Trainer wurden Mitarbeiter der Universität Toronto eingesetzt. Vorab wurden Kriterien für die Teilnahme an den Sommerakademien entwickelt:

- Lehrer und Mitarbeiter des Board sollten freiwillig teilnehmen.
- Aus den Schulen sollte immer ein Team aus drei Personen teilnehmen, d. h. ein Mitglied der Schulleitung und zwei Lehrer.

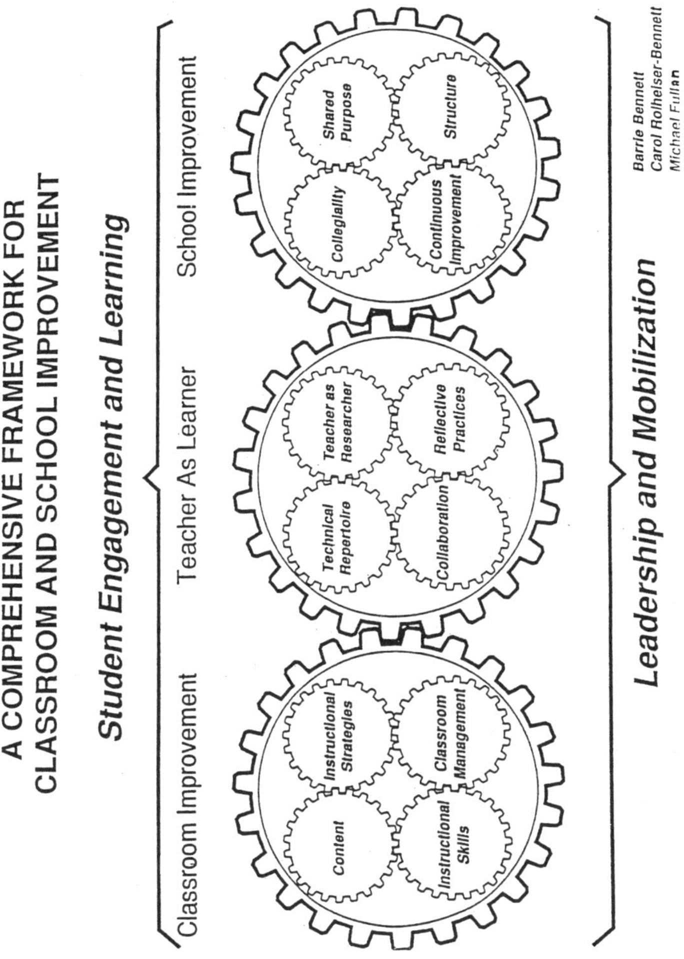
A COMPREHENSIVE FRAMEWORK FOR
CLASSROOM AND SCHOOL IMPROVEMENT
Student Engagement and Learning
Classroom Improvement
Teacher As Learner
School Improvement
Content
Instructional Strategies
Instructional Skills
Classroom Management
Technical Repertoire
Teacher as Researcher
Collaboration
Reflective Practices
Collegiality
Shared Purpose
Continuous Improvement
Structure
Leadership and Mobilization
Barrie Bennett
Carol Rolheiser-Bennett
Michael Fullan

Abb. 1

- Die Teilnehmer mussten bereit ein, das Gelernte zeitnah im Unterricht anzuwenden.
- Alle Teilnehmer mussten sich zur Teilnahme an den Folge-Seminaren bereit erklären.

Die Lehrer mussten sich bereit erklären, ihre verschriftlichten Stundenentwürfe zum Cooperative Learning zu den Sitzungen mitzubringen, um sich darüber austauschen zu können.

Als „Gegenleistung“ für das Fortbildungsengagement der Lehrer erklärte sich das Board bereit, einen Pool so genannter „Supply Teacher“ (Versorgungs-Lehrer) bereitzustellen, damit der Unterricht der sich fortbildenden Kollegen vertreten werden konnte. Diese Maßnahme gilt den Mitgliedern des Durham Board bis heute als eine der wesentlichen Gelingensbedingungen des gesamten Entwicklungsprozesses.

Die Teilnehmer der ersten Sommerakademien lernten das „Cooperative Learning“ als Ansatz schüleraktiven Lernens in Theorie und Praxis kennen, wandten die Methoden im eigenen Lernprozess an und beschäftigten sich mit den Arbeiten von MICHAEL FULLAN und PETER SENGE zum schulischen Wandel bzw. zur lernenden Organisation (vgl. FULLAN, 1991, 1994; SENGE, 1990). Auf weiteren Sommerakademien in den Jahren 1989 bis 1992 wurden diese Kenntnisse bei derselben Teilnehmer-Gruppe vertieft und erweitert. Das Cooperative Learning als konkreter Ansatz der Unterrichtsentwicklung wurde in die oben grob skizzierte ganzheitliche, systemische Sicht auf Entwicklungsprozesse eingebettet. Parallel dazu führte das Durham Board zwischen 1988 und 1995 zehn weitere Sommerakademien zum Cooperative Learning für Durhams Schulen durch; die Teilnehmer der ersten Sommerakademien wurden dabei als Trainer eingesetzt, um das Gelernte in die Breite zu tragen. Außerdem wurden fachbezogene Fortbildungen zum Cooperative Learning in Mathematik, den Naturwissenschaften und Fremdsprachen durchgeführt, um curriculare Bedürfnisse zu treffen. Variationen und Ergänzungen zum Cooperative Learning, die sich im Laufe der Zeit herausgebildet hatten, wurden in die Trainings integriert. Seit 1995 werden diese Trainings während des gesamten Jahres am Board für die Kollegen angeboten. Parallel wurden Fortbildungskurse für die Schulleitungen und Board-Mitarbeiter zur „Führung der Kooperativen Schule" durchgeführt und entsprechende Bausteine zur Ausbildung und Qualifikation von Schulleitern entwickelt. Dabei ging es vor allem um den Aufbau von Teamstrukturen im Kollegium, u. a. durch Mitarbeiter-Runden und Steuergruppen, und um den Umgang mit Widerständen. Durch die enge Anbindung an die Universität Toronto und die dortige Lehrerausbildung wurden auch Studierende an die neuen Lehr- und Lernformen herangeführt.

Im Jahr 1995, acht Jahre nach Beginn des Entwicklungsprozesses, hatten in Durham fast alle 3.500 Lehrer, Schulleitungen und Verantwortliche in den Schulbehörden aufgrund der konsequenten Multiplikationsstrategie einen vergleichbaren Lernprozess zum Cooperative Learning durchlaufen. Die Ausrichtung an gemeinsam definierten Zielen für die lokale und regionale Entwicklung und die Fokussierung der Fortbildungsstrategie auf wenige, zentrale Facetten der Unterrichts- und Schulentwicklung hatten dazu geführt, dass alle am Prozess Beteiligten eine gemeinsame Sprache gelernt hatten: Sie hatten gemeinsame Begriffe gebildet, sich einen gemeinsamen theoretischen und praktischen Hintergrund für ihren schulischen Alltag erarbeitet und aufgrund der gleichen Qualifikationen eine gemeinsame Evaluationsbasis geschaffen. So basieren z. B. die Lehrer- und Schulleitungsbeurteilungen in Durham auf Kriterien, die sich aus dem Cooperative Learning und der Teamarbeit in den Kollegien ergeben. In Durham hatte sich eine neue Lehr- und Lernkultur entwickelt, die mit einem veränderten Rollenverständnis aller Akteure einher ging: Gemeinsam, durch Teamarbeit und Dialog wurde die Schule verbessert; Lehrerinnen und Lehrer als Team-Lernende wurden zu authentischen Vorbildern für die Schülerinnen und Schüler. Der Erfolg zeigte sich nicht zuletzt darin, dass die Region Durham bei den provinzweiten Leistungstests seit 1995 sehr gut abschneidet.

Versuch der Adaption: Aufbau regionaler Bildungslandschaften

Das Beispiel des Durham Board zeigt vor allem, dass die zentralen Elemente, die eine neue Lehr- und Lernkultur in den Schulen schaffen können, eine Qualifizierungsoffensive einerseits und Partnerschaft und Dialog „vor Ort" andererseits sind; und zwar Partnerschaft und Dialog zwischen Schulen, Schulaufsicht, Lehrerfortbildung und den Akteuren im lokalen Umfeld, die für das Lehren und Lernen der Kinder und Jugendlichen mitverantwortlich sind. Wie kann man diese Erfahrungen und Erkenntnisse nun in Deutschland nutzen?

Seit 1996 ist die Bertelsmann Stiftung damit befasst, die Erfahrungen aus Durham in einem Modell-Projekt in Deutschland greifen zu lassen. Ausgangspunkt war die Überlegung, inwieweit sich in einem Kreis oder einer kreisfreien Stadt trotz der bereits ausgeprägten Strukturen des Schulsystems eine Art regionales „Board" einrichten ließe, das ähnlich dem Durham District School Board die Unterstützung schulischer Arbeit im lokalen Kontext übernimmt. Dazu wurde 1997 das Projekt „Schule & Co. – Stärkung der Schulen im kommunalen und regionalen Umfeld" in Kooperation mit dem Ministerium für Schule, Wissenschaft und Forschung des Landes Nordrhein-Westfalen sowie dem Kreis Herford bzw. der Stadt Leverkusen gegründet. Ziel war es, zum einen eine qualitätsorientierte Selbststeuerung an den Schulen zu forcieren und zum anderen, in den beiden Modell-Regionen regionale Schul- und Bildungslandschaften – auch im Anklang zur Denkschrift der Bildungskommission NRW (1995) – zu entwickeln (vgl. LOHRE, 1998; LOHRE u. a., 2000). Mit den Erfahrungen aus Durham im Blick war es außerdem Maßgabe, dauerhafte Strukturen in der Region aufzubauen und zu versuchen, die in Deutschland traditionell verfestigen Zuständigkeiten, wie z. B. die für die so genannten inneren und äußeren Schulangelegenheiten, zugunsten einer gemeinsamen Verantwortungsübernahme für die Belange der Kinder und Jugendlichen der Region zu relativieren. Unter anderem waren es auch diese strukturellen Gegebenheiten, die zu der Überlegung führten, das Projekt im Gegensatz zu Durham zunächst mit dem Schwerpunkt auf die einzelschulische Entwicklung der insgesamt 52 beteiligten Schulen aller Schulformen voranzutreiben und die lokale bzw. regionale Einbettung dieser Prozesse zum Schwerpunkt der zweiten Projektphase zu machen. Trotz dieser Akzentuierung waren alle im weiteren Sinn Beteiligten, d. h. vor allem die Bezirksregierung, das Schulamt, die Stadt- bzw. Kreisverwaltung und die Schulen, von Anfang an in die Gestaltung des prozess- und ergebnisoffenen Projekts einbezogen.

Entwicklungen auf der Ebene der Einzelschulen

Auf der Ebene der Einzelschulen wurde das Vorhaben in vier zentralen Handlungsfeldern vorangetrieben. Wie in Durham standen dabei die Unterrichtsentwicklung als „Kerngeschäft der Schule" und die dazu notwendigen, systematisch durchgeführten Fortbildungen für die Lehrkräfte im Zentrum (vgl. LOHRE u. a., 2000):

- Training zur Unterrichtsentwicklung: Für die Lehrerinnen und Lehrer wurden vier Trainingsbausteine zur Erweiterung des Methodenrepertoires für einen schülerzentrierten Unterricht entwickelt. Entsprechend ausgebildete Lehrer stehen inzwischen interessierten Lehrkräften als Multiplikatoren in den Modellregionen zur Verfügung (vgl. LOHRE, 1999; HÖFER, 2000)
- Schulentwicklungsmanagement: Damit die Unterrichtsentwicklung auch in entsprechende Organisationsentwicklungsprozesse eingebunden werden kann, wurden Trai-

ningsbausteine zum Management von Schulentwicklungsprozessen für die an den Projektschulen eingerichtete Steuergruppen entwickelt, durchgeführt und optimiert (vgl. LÖW, 2000).

- Evaluation: Da Schulentwicklungsprozesse – wie alle zielgerichteten Prozesse – ohne kontinuierliche Evaluation nicht weiterkommen, gehören auch Bausteine zur Selbstevaluation zum Trainingsprogramm der Projektschulen. An jeder Schule wurden Evaluationsberater ausgebildet, die mit Evaluationsmethoden und -verfahren vertraut gemacht wurden. Sie sollen das notwendige Know-how in der Schule zur Verfügung stellen, wenn Unterrichtsprozesse ebenso wie Organisationsstrukturen systematisch auf ihre Wirksamkeit und Optimierbarkeit hinterfragt werden sollen (vgl. HERRMANN / HÖFER, 1999).
- Professionalisierung der Schulleitung: Die durch die Trainings bei den Lehrkräften initiierten Entwicklungsprozesse können nur mit der Unterstützung der Schulleitung zu erfolgreichen Schulentwicklungsprozessen werden. Um die Führungs-, Management- und Moderationskompetenz der beteiligten Schulleitungsmitglieder zu stärken, wurden bedarfsgerechte Seminare mit externen Experten durchgeführt (vgl. HERRMANN, 2000).

Nach der Evaluation durch die Schulen und abschließender Optimierung steht mit diesen Bausteinen ein aufeinander abgestimmtes, systemisch wirksames Qualifizierungsangebot für alle Schulen der Region zur Verfügung, das von schulaufsichtlichen und lokalen Verantwortlichen getragen wird.

Entwicklungen auf lokaler bzw. regionaler Ebene

Mit dem zuletzt genannten Aspekt wird bereits deutlich, in welche Richtung die lokale bzw. regionale Entwicklung im Projekt „Schule & Co.“ gedacht wird: Sollen die für den

Unterricht und die Einzelschule entwickelten Bausteine bei allen Schulen der Regionen wirksam werden, bedarf es entsprechender Strukturen, die diese (und weitere) Unterstützungsleistungen für die Schulen auf lokaler bzw. regionaler Ebene organisieren und koordinieren. Um die diesbezügliche Kooperation schulaufsichtlicher und regionaler Verantwortlicher möglichst weitgehend und nachhaltig sicherzustellen, stellt sich also spätestens hier die Frage nach einem institutionalisierten „Board", das die Schulentwicklung in der Region vor allem durch ein flexibles und angemessenes *Unterstützungssystem* forciert. Der Kreis Herford hat zu eben diesem Zweck ein „Regionales Bildungsbüro" gegründet, in dem alle sächlichen und personellen Ressourcen gebündelt werden (sollen), die auch bisher schon – nur an verschiedenen Stellen der Kreisverwaltung und daher weniger aufeinander abgestimmt – in die Unterstützung der Schulen vor Ort geflossen sind. Das Herzstück der Entwicklung der regionalen Bildungslandschaft bildet die mit der staatlichen Schulaufsicht abgeschlossene Kooperationsvereinbarung, in der nicht die Zuständigkeiten verändert, sondern vielmehr die regional koordinierte Steuerung unterschiedlicher Unterstützungssysteme vereinbart wurde. Die Aufgaben des „Regionalen Bildungsbüros" gehen aber, wie bereits angedeutet, weit über die Koordination der Qualifizierungsmaßnahmen für die Schulen der Region hinaus. Die außerschulische Bildungsarbeit wird ebenso wie die Kooperation mit der Wirtschaft als integrales Arbeitsfeld des Bildungsbüros gesehen (vgl. ENGELKING, 2000). Dazu sind einerseits „Kommunale Bildungsforen" ins Leben gerufen worden, die Personen aus lokaler Politik, Bildungseinrichtungen, Jugendarbeit und Sport, Schulsozialarbeit, Volkshochschule, Wirtschaft und Eltern an einen Tisch bringen. Damit bilden die Foren die lokale, gesellschaftliche Basis des regionalen Bildungsbüros, die Mitsprache z. B. in Entwicklungs- und Steuerungsfragen des regionalen Bildungslandschaft – auch über die Schule hinaus – ermöglichen. Durch einen „Regionalen Entwicklungsfonds" in Trägerschaft eines Vereins können zusätzliche Finanzmittel zur nachhaltigen Strukturverbesserung bereitgestellt werden. Andererseits treibt das Regionale Bildungsbüro die Kooperation mit der Wirtschaft durch das Projekt „KURS" voran: „Kooperation von Unternehmen in der Region mit Schulen". Hier werden Partnerschaften zwischen einzelnen Schulen und Unternehmen in Zusammenarbeit mit der „Initiative Wirtschaftsstandort Herford" initiiert und betreut. Im Mittelpunkt der Kooperation zwischen Schule und Unternehmen steht die Verbesserung des Unterrichts im Sinne einer größeren Berufs- und Praxisnähe. Durchaus vergleichbare, wenn auch den städtischen Strukturen angepasste Entwicklungen, sind in der Stadt Leverkusen zu verzeichnen.

Mit den systematischen Unterstützungsmaßnahmen zur Unterrichtsreform verbunden mit der Entwicklung einer pädagogischen Teamkultur an den Schulen sowie der Gründung des Regionalen Bildungsbüros in Herford werden die inhaltlichen und strukturellen Ähnlichkeiten zwischen „Schule und Co." und dem Durham Board of Education unmittelbar augenfällig. Hier ist de facto das angelegt, was aus den Diskussionen zur Übertragbarkeit von Durham auf deutsche Verhältnisse beim Symposium zum Carl Bertelsmann-Preis 1996 deutlich wurde: „Was hier [in den nominierten Ländern mit dem Ziel der Schulentwicklung, A. C.] angestrebt wird, ist nicht eine Frage zusätzlicher Finanzmittel, sondern der Neuordnung von Arbeit." (BROCKMEYER, 1996: 91).

Modelle sind gut, Breitenwirkung ist besser!

Das Beispiel Durham und die Erfahrungen aus Herford und Leverkusen machen deutlich, wie grundlegend wichtig es für die Schulentwicklung ist, dass einzelschulische Maßnahmen planvoll und systematisch in den systemischen Zusammenhang einer (nicht allzu weit gefassten) Bildungsregion eingebettet sind. „Wenn Schulentwicklung wirksam werden soll, dann muss sie im Klassenzimmer beginnen und den Bogen von der Gestaltung der Einzelschule über eine Vernetzung der Schulen bis hin zur Entwicklung einer regionalen Bildungslandschaft spannen." (BASTIAN, 2000: 9).

Allerdings: Die Bereitschaft, einen derart umfassenden Ansatz der Schulentwicklung umzusetzen, ist bei den potenziellen Akteuren nicht immer in der notwendigen Breite vorhanden. Und so „beschränken" sich viele innovative Schulen damit, sich zunächst einmal aus eigener Kraft auf den Weg der bewussten Weiterentwicklung zu machen. Sie versuchen mit möglichst großen Teilen des Kollegiums, den schulischen Lern- und Lebensalltag z. B. durch Rückgriff auf reformpädagogische Ansätze (Montessori, Petersen etc.) zu gestalten und eine Lehr- und Lernkultur zu etablieren, die die Schülerinnen und Schüler stärker in den Mittelpunkt des Lernprozesses stellt (vgl. Kurzportraits innovativer Schulen in STERN, 1999). Manche Schulen schaffen dies beispielhaft und finden adäquate Partner in ihrem Umfeld; andere schaffen es nur mit erheblichen Anstrengungen oder gar nicht und bleiben in ihren Bemühungen allein. Zudem gibt es neben den innovativen Schulen mit ihren höchst engagierten Lehrkräften ebenso viele oder sogar mehr Schulen, in denen sich eine neue Lehr- und Lernkultur noch nicht etabliert hat; in denen im Unterricht wie eh und je jene didaktischen und methodischen Formen dominieren, die die öffentliche Schule seit ihrem Bestehen kennt: der Lehrervortrag, die Stillarbeit, das fragend-entwickelnde Unterrichtsgespräch, das auf die „richtigen" Antworten setzt. In der Schulentwicklungsforschung gibt es viele Befunde, die die Dominanz dieser Lehr-Lernformen belegen[3]. Offene Unterrichtsformen wie Freiarbeit und Projektunter-

---

[3] So stellten z. B. zwei Drittel der von Kanders u. a. 1995 repräsentativ befragten Schülerinnen und Schüler der Sekundarstufe fest, die Unterrichtssituation sei „sehr oft" dadurch gekennzeichnet, dass der Lehrer redet und Fragen stellt und einzelne Schüler antworten. Dagegen gaben nur 14 % an, dass sie „sehr oft" in Gruppen arbeiten (vgl. Kanders u. a., 1996).

richt, entdeckendes und problemorientiertes Lernen und die Öffnung der Schule zum außerschulischen Lebensumfeld haben oft – wenn überhaupt – nur in der Grundschule Platz.

Durham – und inzwischen auch die Regionen Herford und Leverkusen – sind die besten Beispiele dafür, dass sich eine neue Lehr- und Lernkultur dauerhaft nur mit den entsprechenden Unterstützungssystemen realisieren lässt. Sie sind die besten Beispiele dafür, dass in einer Zeit, in der die Qualität der Einzelschule die Diskussion bestimmt, nicht darüber hinweg gesehen werden darf, dass eben nicht nur die in den einzelnen Schulen unterrichtenden Lehrerinnen und Lehrer darüber entscheiden, ob und inwieweit sich neue Lehr- und Lernformen etablieren, ob und inwieweit sich eine Schule öffnet. Denn eine neue Lehr- und Lernkultur entsteht nicht im luftleeren Raum. Sie ist immer eingebettet in die sie umgebenden Systeme, die Neues in unterschiedlichem Maß behindern oder befördern: Die Lehr- und Lernkultur einer Schule ist maßgeblich eingebettet in das sie umgebende Schulsystem, also in das bürokratische Unterstützungs- (und Kontroll-)system aus Ministerium, Schulaufsicht und den nachgeordneten Lehrerfortbildungseinrichtungen. Und sie ist maßgeblich eingebettet in die sozialen und ökonomischen Systeme vor Ort, zu denen die Eltern ebenso zählen wie der Schulträger; zu der die Betriebe in der Region ebenso zählen wie das Jugendamt, der städtische Sportverein oder die Volkshochschule als kommunale Einrichtung. Es reicht eben nicht, auf das Engagement einzelner Lehrer in einzelnen innovativen Schulen zu vertrauen und es damit dem Zufall zu überlassen, wo Schüler zeitgemäß lernen und wo nicht. Ziel aller Schulentwicklungsbemühungen muss es vielmehr sein, alle Kinder und Jugendliche so zu unterrichten und zu erziehen, dass sie den aktuellen und zukünftigen Bedürfnissen – und zwar sowohl den persönlichen, den gesellschaftlichen als auch den beruflichen – gewachsen sind.

Durham und die Entwicklungen in den beiden deutschen Modell-Regionen zeigen, wie ein regional verankertes Unterstützungssystem für Schulen bereitgestellt werden kann und wie es zu schaffen ist, auch in der (regionalen) „Fläche“ aus dem alten Paradigma des Lehrens und Lernens auszubrechen. Bei all dem, was in Herford und Leverkusen bisher gelungen ist, muss aber auch berücksichtigt werden: In die hier vorgestellten Prozesse ist eine private Stiftung involviert, die immer nur modellhaft Anregungen geben und nicht Aufgaben des Staates übernehmen kann (vgl. CZERWANSKI, 2000). Sie kann aufzeigen, dass und wie Entwicklungen möglich sind. Für eine neue Lehr- und Lernkultur in möglichst vielen Schulen unserer Länder brauchen wir daher zweierlei:

- Wir brauchen eine systematische und konsequente Unterstützung der Lehrkräfte und Schulen durch die Schulbehörden und Lehrerfortbildung, die vor Ort als Dienstleister für die Schulen agieren. Dazu müssen Schulbehörden und Lehrerfortbildung offizielle Zeit in eine konsequente Personalentwicklung investieren, die die Bedürfnisse der Schulen trifft. Hier gilt, was auch für Herford, Leverkusen und Durham gilt: Es geht nicht (nur) um die Frage zusätzlicher Finanzmittel, sondern vor allem um die Frage der Re-Allokation vorhandener Ressourcen. Es geht um Prioritätensetzung bei der Gestaltung des Fortbildungsangebots, um die Vergrößerung des Gestaltungsfreiraumes der Einzelschule und um die Restrukturierung bestehender institutioneller Einheiten zur Schaffung von Synergien zugunsten der Kinder und Jugendlichen – nicht zugunsten der Einsparung von Mitteln.
- Wir brauchen einen Dialog über Bildung „vor Ort“, der jenseits der Expertengremien geführt wird. Es bedarf der konzertierten Aktion der verantwortlichen Akteure: Wenn Eltern, Lehrer, Schulleitungen, Schulaufsicht und Lehrerfortbildung, Vertreter der Kommunen und örtlicher Betriebe gemeinsam ihre Bildungsziele und -maßnahmen definieren (z.B. in einem Leitbild; vgl. BERTELSMANN STIFTUNG, 1999b), beteiligen sie sich auch aktiv an deren Umsetzung und bündeln ihre Ressourcen.

Literatur

BASTIAN, JOHANNES: Schulentwicklung in der Region. Oder: Schulentwicklung ist mehr als die Entwicklung der Einzelschule. In: Pädagogik 7/8, 2000. S. 6–9.

BENNETT, BARRIE: Cooperative Learning: Where heart meets mind. Toronto, 1991.

BENNET, BARRIE / GREEN, NORM: Beyond Classroom Walls: The Long-Term Payoffs of Cooperative Learning. – In: Cooperative Learning. 15, 1: 1995, S. 30–33.

BERTELSMANN STIFTUNG (Hrsg.): Innovative Schulsysteme im internationalen Vergleich. Carl Bertelsmann-Preis 1996. Band 1. Dokumentation der internationalen Recherche. Gütersloh 1996.

BERTELSMANN STIFTUNG (Hrsg.): Innovative Schulsysteme im internationalen Vergleich. Band 2. Dokumentation zu Symposium und Festakt. Gütersloh 1998.

BERTELSMANN STIFTUNG (Hrsg.): Berufliche Bildung der Zukunft. Carl Bertelsmann-Preis 1999. Band 1. Dokumentation zur internationalen Recherche. Gütersloh 1999a.

BERTELSMANN STIFTUNG (Hrsg.): Lebendige Schule in einer lebendigen Stadt. Leitbild und Messgrößen. Gütersloh 1999b.

BILDUNGSKOMMISSION NRW: Zukunft der Bildung – Schule der Zukunft. Denkschrift der Kommission beim Ministerpräsidenten des Landes Nordrhein-Westfalen. Neuwied 1995.

BUZAN, TONY: Kopftraining. Anleitung zum kreativen Denken. München 1990.

CZERWANSKI, ANNETTE: Private Stiftungen und staatliche Schulen. Schulentwicklung durch nicht-staatliche Förderprogramme? Opladen 2000.

GROUPE DE PILOTAGE DE LA RÉNOVATION: Vers une réforme de l'enseigement primaire genevois. Département de l'Instruction publique Enseignement primaire. Genève 1999.

ENGELKING, GERHARD: Regionale Bildungslandschaft – eine Kulturlandschaft?! In: Pädagogik 7/8, 2000, S. 39–43.

FULLAN, MICHAEL G. et al.: Linking Classroom and School Improvement. In: Educational Leadership. 47, 8: 1990, S. 13–15.

FULLAN, MICHAEL G.: The New Meaning of Educational Change. New York 1991.

FULLAN, MICHAEL G.: Change Forces. Probing the Depths of Educational Reform. London u.a. 1994.

GARDENER, HOWARD: Frames of Mind. The Theory of Multiple Intelligences. New York 1993.

GESE, SILKE u. a.: Wie kooperativer Unterricht das Lernen von Grundschulkindern fördert. Unveröffentlichtes Manuskript. Universität Frankfurt, Institut für Pädagogische Psychologie. Frankfurt/M. 2000.

HERRMANN, JOACHIM: Wie sehen „gestandene" Schulleiter ihren Fortbildungsbedarf? In: Pädagogik 7/8, 2000, S. 28.

HERRMANN, JOACHIM / HÖFER, CHRISTOPH: Evaluation in der Schule – Unterrichtsevaluation. Gütersloh 1999.

HÖFER, CHRISTOPH: Unterrichtsentwicklung im Zentrum regionaler Schulentwicklung?! In: Pädagogik 7/8, 2000, S. 14–5.

JOHNSON, DAVID W. / ROGER T.: Cooperation and Competition. Theory and Research. Edina, Montana 1989.

JOHNSON, DAVID W. / ROGER T.: Teaching Student to be Peacemakers. 3rd ed. Edina, Montana 1995.

KAHL, REINHARD: Was ist Lernen? In: BERTELSMANN STIFTUNG (Hrsg.): Jahresbericht 1999/2000. Gütersloh 2000, S. 46–49.

KANDERS, MICHAEL / RÖSNER, ERNST / ROLFF, HANS-GÜNTER: Das Bild der Schule aus der Sicht von Schülern und Lehrern. In: Rolff, H.-G. / Bauer, K.-O. u. a. (Hrsg.): Jahrbuch für Schulentwicklung. Band 9. Weinheim, München 1996, S. 57–113.

LAING, PAULINE (1998): Länderpräsentationen Kanada. – In: BERTELSMANN STIFTUNG (Hrsg.): a. a. O., 1998, S. 70–76.

LOHRE, WILFRIED: Schule & Co.: Projektreport. Gütersloh 1998.

LOHRE, WILFRIED (Hrsg.): Auf dem Weg zu einer neuen Lernkultur. Gütersloh 1999.

LOHRE, WILFRIED / ENGELKING, G. / HÖFER, C. / SPICHAL, D.: Einzelschulen entwickeln sich gemeinsam. Auf dem Weg zu einer regionalen Schul- und Bildungslandschaft. – In: PÄDAGOGIK 7/8, 2000. S. 10–13.

LÖW, GERHARD: Erfahrungen einer Steuergruppe. – In: PÄDAGOGIK 7/8, 2000, S. 22–24.

MERANER, RUDOLF: Schulentwicklung braucht Fortbildung. In: Pädagogische Führung 4/1999; S. 163–167.

PÄDAGOGISCHES INSTITUT für die deutsche Sprachgruppe (Hrsg.): Orientierung suchen, Ziele setzen, Schule gestalten. Bozen 2000.

ROLHEISER, CAROL (ed.): Self-evaluation. Helping Students get better at it! A Teacher's Resource Book. A collaborative product of the CLEAR group. Toronto 1996.

SENGE, PETER M.: The fifth Discipline. Deutsch ([5] 1998): Die fünfte Disziplin. Kunst und Praxis der lernenden Organisation. Stuttgart 1990.

STERN, CORNELIA: Schule neu gestalten. Schulen im „Netzwerk innovativer Schulen in Deutschland". Gütersloh 1999.

UNTERRICHTSMINISTERIUM Dänemark (Hrsg.): Ausbildung an beruflichen Schulen in Dänemark. Kopenhagen 1999.

VOLKER ESCH-ALSEN

Organisationsphilosophie und Schulprofil am Beispiel der Städtischen Gesamtschule Soest

Der Wunsch nach Veränderung

Im November des Jahres 1990 traf sich in der westfälischen Kreisstadt Soest (etwa 50 000 Einwohner) eine kleine Gruppe von Eltern, deren Kinder überwiegend noch den Kindergarten, manche aber auch schon die Grundschule besuchten, um gemeinsam über eine „gute" Schule für ihren Nachwuchs nachzudenken. Die meisten dieser Eltern waren Mitglieder der „Eltern-Kind-Initiative Soest e.V. (EKI)", einer Selbsthilfegruppe, die 10 Jahre zuvor von jungen Eltern gegründet worden war mit dem Ziel, sich über die Erziehung ihrer Kinder austauschen zu können und darüber hinaus soziale Kontakte pflegen zu können.

Nach einer ersten Bestandsaufnahme und Kritik an den in Soest vorhandenen Schulen, die sich nach Einschätzung dieser Eltern nur wenig von den Schulen, die sie selbst einmal besucht hatten, unterschieden, und einer Phase der Sondierung von alternativen Möglichkeiten, ergriff ein Teil dieser Eltern die Initiative zur Gründung einer „anderen" Schule in Soest und gründete den „*Förderverein* Reformschule Soest e.V.". Die Namensgebung orientierte sich an der Reformschule Kassel, einer damals nach jahrelangen Bemühungen aus dem Umfeld der Kasseler Universität gerade neu eingerichteten Schule, die Kinder vom ersten Schuljahr an in jahrgangsübergreifenden Stammgruppen im Sinne der reformpädagogischen Vorstellungen PETER PETERSENS unterrichtete und bis zum Abschluss der Sekundarstufe I führen sollte.

Es gelang dem neugegründeten Verein recht schnell, öffentlich auf sich aufmerksam zu machen und seine personelle Basis weit über den ursprünglichen Gründerkreis zu erweitern. Eine wichtige Rolle spielten dabei eine Reihe öffentlicher Vorträge[1], in denen neben der Reformschule Kassel nach und nach nahezu alle damals attraktiv erscheinenden reformpädagogischen Ansätze und entsprechenden Schulversuche vorgestellt wurden, so z.B. die neu gegründete Peter-Petersen-Schule in Jena und die Helene-Lange-Schule in Wiesbaden, ein Gymnasium, das sich zu einer Gesamtschule mit innovativem Konzept entwickelt hatte. Begünstigt wurde die Resonanz auf diese Initiative sicherlich auch dadurch, dass bei den Kommunalwahlen im Herbst 1988 nach 28 Jahren konservativer Mehrheit in Soest mit dem Wahlsieg von SPD und Bündnis 90/Die Grünen auch ein grundlegender atmosphärischer Wechsel stattgefunden hatte. In einem Grundsatzpapier des Fördervereins Reformschule Soest e.V. heißt es im Januar 1992:[2]

„Welche Schule brauchen wir für unsere Zukunft?"

Wenn auch nicht detailliert voraussagbar ist, welche Anforderungen wir an unsere – für unsere Zukunft so wichtigen – Schulen stellen müssen, lassen sich doch einige Tendenzen schon jetzt absehen.

Zwar muss Schule nach wie vor Kinder und Jugendliche in die Lage versetzen, kontinuierlich und geregelt an – nicht immer selbstbestimmten – Aufgaben zu arbeiten; dieser Aspekt dürfte aber zurücktreten zu Gunsten der Ausbildung von Fähigkeiten, die auch in Verwaltung und Wirtschaft zunehmend verlangt werden. Dazu gehören Selbständigkeit und Fähigkeit

---

1 Reformpädagogische Ziele und ihre organisatorische Umsetzung – Materialien zur Schulprogrammentwicklung der Städtischen Gesamtschule Soest (1990–1999), Förderverein Reformschule Soest (Hrsg.) Soest 2000 (2. Aufl.), Eigenverlag, auf den Seiten 5–16 sind alle Vorträge dokumentiert.

2 ebd., S. 40.

zur Selbstorganisation bei der Arbeit, Kooperationsfähigkeit im Team sowie die Fähigkeit zur Einordnung der eigenen Tätigkeit in komplexere Zusammenhänge.

Auch wird Schule wie bisher grundlegende „Zivilisationstechniken“ wie Lesen, Schreiben, Rechnen vermitteln müssen – deren Wichtigkeit hat keineswegs abgenommen, eher das Gegenteil ist der Fall; zusätzlich wird aber in einer in ihren Chancen, aber gerade auch in ihren Gefährdungen zunehmend „vernetzten“ Welt die Fähigkeit gezielt gefördert werden müssen, über Grenzen hinweg Zusammenhänge zu erkennen, zu erleben und zu gestalten.

Dies gilt für die Grenzen zwischen

- den Schulfächern,
- intellektueller und emotionaler Anstrengung,
- theoretischer Erarbeitung und praktischer Anwendung,
- den musischen, körperlichen und intellektuellen Fähigkeiten der Menschen,
- Technik, Natur und Moral und nicht zuletzt für die Grenzen zwischen
- Menschen unterschiedlicher Begabung, Herkunft und Hautfarbe.

Schließlich ist bereits jetzt absehbar, dass Schule in einer Welt, in der traditionelle Lebenszusammenhänge sich ändern, z. T. auflösen, in der Werthaltungen und Weltanschauungen in zunehmendem Maße über technische Medien vermittelt werden, mehr sein muss, als eine „Anstalt“ zur Vermittlung bestimmter, eingeschränkter Kenntnisse und Fähigkeiten. Diese Schule muss in einem weit größeren Ausmaß als unsere heutigen Schulen Lebenszusammenhänge gestalten helfen in einer zunehmend individualisierten und damit freieren, aber häufig auch verwirrenden, desorientierenden Welt.

Sie muss unseren Kindern und Jugendlichen dabei helfen, dass sie selbstbewußte, freie Menschen werden, stolz auf sich selbst und ihre gemeinsamen Leistungen ...

Die Vorstellung des Fördervereins Reformschule, in Soest nach Vorbild der Reformschule Kassel eine Schule von Klasse 1 bis 10 einzurichten, ließ sich in dieser Form allerdings nicht verwirklichen. Gespräche mit Vertretern des Kultusministeriums, z.T. arrangiert mit Hilfe der lokalen Landtagsabgeordneten, zeigten schnell die Grenze auf: Eine solche Konstruktion widersprach der Organisationsstruktur der nordrhein-westfälischen Schulverwaltung, in der die Sekundarstufe I grundsätzlich von der Primarstufe getrennt geführt wird. Einzige Ausnahme: Die Laborschule Bielefeld. Eine weitere Ausnahme war nicht gewünscht.

Da aus unterschiedlichen Gründen für den Förderverein Reformpädagogik Soest die Gründung einer Privatschule nicht in Frage kam, blieb den Eltern nur der Weg, die Einrichtung einer Gesamtschule mit reformpädagogischem Profil anzustreben, und dabei zu hoffen, auf diesem Weg möglichst viel von ihrer „Idealschule“ verwirklichen zu können. Die Gesamtschule bot sich als Organisationsform deshalb an, weil nach Einschätzung des Fördervereins dort seine Ziele am ehesten verwirklicht werden konnten. Außerdem gab es bis dahin in Soest noch keine solche Schule, so dass die Realisierungschancen am größten erschienen – mit Recht, wie sich zeigen sollte. Am 25. Mai 1994 beschloss der Rat der Stadt Soest (mit knapper Mehrheit) die Einrichtung einer Gesamtschule in Soest. Der Errichtungsbeschluss enthielt folgenden Passus: „Die zu errichtende Gesamtschule soll ein reformpädagogisches Profil – etwa nach Maßgabe der vom Förderverein Reformschule vorgelegten Konzeption – erhalten.“[3] Damit hatte die Elterninitiative nach etwa 3 Jahren intensiver inhaltlicher Arbeit und öffentlicher Aktivität zunächst ihr Ziel erreicht.

[3] ebd., S. 61 (Errichtungsbeschluss des Rates).

Der gesellschaftliche Kontext

Wenn dies den Eltern aus der Reformschulinitiative auch nicht bewusst gewesen sein mag, so waren ihre Aktivitäten doch Teil einer überregionalen bildungspolitischen Neuorientierung, die schließlich gegen Ende der 1990er-Jahre ihren Niederschlag in Form von Reform- und Umstrukturierungsvorschlägen innerhalb und außerhalb staatlicher Bildungsverwaltungen einer ganzen Reihe von Industrieländern fand.[4] Am Beispiel der pädagogisch begründeten Forderung der Elterninitiative nach dezentralen Organisationsstrukturen („Teamschule“) kann dargelegt werden, wie Reformansätze auch aus zunächst sehr schulfern erscheinenden gesellschaftlichen Bereichen hier eingeflossen sind und z. T. positive Wirkung zeigen konnten. Dies bedeutet nicht, dass reformpädagogische Ansätze sich in einem Wandel organisatorischer Strukturen erschöpfen. Allerdings ist es offensichtlich, dass „moderne“, dezentrale Strukturen eher dazu geeignet sind, das schöpferische Potenzial bei den Unterrichtenden freizusetzen – eine nicht hinreichende, aber unabdingbare Voraussetzung für die Verwirklichung auch reformpädagogischer Zielvorstellungen.

Im Konzept des Fördervereins Reformschule Soest für eine Gesamtschule mit reformpädagogischem Profil (Stand: 2.3.94) findet sich an zentraler Stelle folgender Absatz:[5]

„Überschaubare Strukturen für Kinder und Unterrichtende. Alle Parallelklassen eines Jahrganges werden von einem festen Team von Lehrerinnen und Lehrern unterrichtet. Die Zusammensetzung des Teams sollte sich während der gesamten Zeit in der Sekundarstufe I für die Kinder und Jugendlichen

[4] vgl. Hans Döbert, Peter Döbrich, Botho v. Kopp, Wolfgang Müller: Studie zum Stand aktueller Bildungsdiskussionen im europäischen und außereuropäischen Rahmen (Deutsches Institut für Internationale Forschung) o. Datum (Internet 7/2000), sowie: Ministerium für Schule und Weiterbildung und Landesinstitut für Schule und Weiterbildung (Hrsg.): Schulentwicklung und Qualitätssicherung von Schule, Soest 1998.

[5] S. Anmerkung 1, S. 64ff.

nicht verändern. Dadurch entsteht gewissermaßen eine kleine Schule in der Schule. Die Kinder können von Anfang an dauerhafte persönliche Beziehungen zu den Lehrerinnen und Lehrern aufbauen, genauso wie diese die ihnen anvertrauten Kinder und Jugendlichen intensiv kennenlernen und so deren Entwicklung über die ganze Schulzeit beobachten und fördern können. Alternativ zur Teambildung nach einzelnen Jahrgängen ist auch eine Teambildung möglich, die jeweils drei aufeinander folgende Klassen (5 bis 7, 8 bis 10, 11 bis 13) umfasst. Diese Teamstruktur hat den Vorteil, dass altersgemischte Aktivitäten (z. B. eine gezielte, jahrgangsübergreifende Förderung) leichter koordiniert werden können und eine Weiterentwicklung der Schulstruktur in Richtung auf die Bildung von Stammgruppen im Sinne des Jena-Plans (PETER PETERSEN) erleichtert wird.

Wie immer auch die Teamstruktur geregelt wird, wichtig ist, die Zahl der Lehrerinnen und Lehrer für eine Lerngruppe möglichst niedrig zu halten. Deshalb sollten diejenigen, die an dieser Schule arbeiten wollen, im Prinzip bereit sein, besonders in den unteren Klassen zusätzliche Schulfächer ihrer Neigung entsprechend fachfremd zu unterrichten. Der pädagogische Gewinn übertrifft aller Erfahrung nach eventuelle Nachteile. Der Zusammenschluss der Lehrkräfte mehrerer Klassen zu einem Team lässt deren pädagogische Verantwortung für die ihnen anvertrauten Kinder und Jugendlichen wachsen. Gleichzeitig bewirkt sie eine Dezentralisierung im organisatorischen Bereich.

Diese neue Organisationsform sollte sich auch räumlich zeigen. Zentrale Lehrerzimmer sind aufzugeben zugunsten von dezentralen Lehrerarbeitsräumen, die sich in der Nähe der zugehörigen Klassen befinden. Dadurch sind die Lehrkräfte für die Schülerinnen und Schüler bei Bedarf besser erreichbar. Gleichzeitig wird die erwünschte Kooperation innerhalb des Teams erleichtert. Die Einrichtung von Büroarbeitsplätzen für die Lehrkräfte, an denen sie ihre Unterrichtsvor- und

-nachbereitungen in der Schule erledigen können, dient beiden Zielen. Zusätzlich zu den Teams müssen teamübergreifend fachliche, pädagogische und organisatorische Strukturen aufgebaut werden, die die Schule als ganze handlungsfähig und konzeptionell entwicklungsfähig machen. Entsprechende Erfahrungen anderer Schulen mit Teamstrukturen sind zu nutzen."

Ähnlich wie in der Industrie, die auf Grund zunehmenden internationalen Konkurrenzdrucks einen neuen – auf die Art der Arbeitsorganisation konzentrierten – Rationalisierungsschub einleitete (Stichworte: lean management, lean production), läuft seit einiger Zeit in den öffentlichen Verwaltungen unter dem Druck steigender Personalausgaben und stagnierenden oder rückläufigen Einnahmen eine Rationalisierungsdiskussion unter den Stichworten „Tilburger Modell", „schlanke Verwaltung" oder „Dienstleistungskonzern Kommunalverwaltung". Im Schulbereich haben diese Ansätze gelegentlich die Überlassung eines gewissen finanziellen Entscheidungsspielraumes in Bezug auf die der Einzelschule überlassenen Mittel seitens der Kommunen bewirkt (Budgetierung). Ansonsten bleibt die Rolle der kommunalen Schulträger auch in Nordrhein-Westfalen im Kern auf die Sicherstellung der sächlichen Ausstattung incl. Hausmeister und Reinigungskräfte und die Schulsekretärinnen beschränkt. Im Rahmen einer sog. Erweiterten kommunalen Trägerschaft gibt es allerdings in verschiedenen Regionen weitergehende Überlegungen. So wurden z. B. durch das von der Landesregierung in Kooperation mit der Bertelsmann Stiftung im Kreis Herford und in Leverkusen durchgeführte Projekt „Schule & Co" möglicherweise neue Perspektiven aufzeigt.[6] Um Informationen über die Unterrichtsversorgung an jeder Einzelschule zu bekommen, baut die Landesregierung in Nordrhein-Westfalen seit einigen Jahren ein flächendeckendes Compu-

[6] Wilfried Lohre, Gerhard Engelking, Christoph Höfer, Dieter Spichal: Einzelschulen entwickeln sich gemeinsam, in: Pädagogik 7-8/2000.

ternetz für die Online-Erfassung der Unterrichtsstatistik auf – eher ein Schritt in Richtung Zentralisierung. Auch wurden Kompetenzen der Schulleitungen gestärkt und Entscheidungsstrukturen gestrafft, wobei nicht immer deutlich ist, welche Organisationsphilosphie hinter diesen Maßnahmen steht. Anders als in der Industrie, wo im Zusammenhang mit der Neuorganisation der Strukturen immer auch ein Rationalisierungseffekt durch eine erhoffte höhere Motivation der Mitarbeiterinnen und Mitarbeiter in weitgehend selbständig arbeitenden Gruppen angestrebt wird, fehlt dieser Aspekt bei den Diskussionen zur Reform des öffentlichen Schulwesens bislang weitgehend oder er bleibt auf die Leitungsebenen beschränkt. Obwohl es ein Allgemeinplatz ist, dass im Schulbereich ohne eine entsprechende Motivation der Lehrkräfte qualitative Verbesserungen praktisch unmöglich sind, gibt man sich meist mit organisatorischen Maßnahmen im Leitungsbereich zufrieden, ohne eine „Autonomie" von Arbeitsgruppen in den Schulen wirklich mitzudenken.

Arbeits- und Organisationsprinzipien des lean management – auf Schulen übertragbar?

Ob die Arbeits- und Organisationsprinzipien des „lean management" auch auf die innere Struktur einer Schule übertragbar sind, mag ein Blick auf deren „Essentials" zeigen. Diese sind[7]:

- Die Aufgaben werden in der Gruppe oder im Team erledigt. Der Konsensgedanke ist bei der Aufgabenerfüllung dominant, interner Wettbewerb wird vermieden. Jeder ist Mitglied mehrerer horizontaler und vertikaler Gruppen.
- Jede Tätigkeit wird in Eigenverantwortung ausgeführt. Den Rahmen dazu bilden Zielvereinbarungen, die Leitbilder so-

[7] Nach H. Metzen, Schlankheitskur für den Staat, Frankfurt/Main, New York 1994; Zusammenstellung: Tegethoff, Ruhr-Universität Bochum.

wie die Standards, die für jede Tätigkeit erstellt werden. Kann die erforderte Qualität nicht eingehalten werden, wird der Arbeitsfluss unterbrochen und Hilfe angefordert.

- Alle Aktivitäten vom einzelnen bis zum kompletten Funktionsbereich werden von einem außergewöhnlich intensiven Feedback begleitet. Die Reaktion von Außenwelt, System oder Anlagen dient der Steuerung des eigenen Handelns. Informationskomfort sichert das gegenseitige Verständnis.
- Alle Aktivitäten sind streng auf den Kunden orientiert. Die Wünsche des Kunden haben oberste Priorität und Autorität. Auch die Beziehung innerhalb der Wertschöpfungskette wird wie zwischen Kunde und Lieferant gestaltet.
- Die wertschöpfenden Tätigkeiten haben oberste Priorität im Unternehmen. Das gilt für alle verfügbaren Ressourcen. Vorgesetzte und Experten arbeiten überwiegend am Ort der Wertschöpfung.
- Formalisierung und Standardisierung der Arbeitsweise durch schriftliche oder bildliche Darstellung von Methoden oder Arbeitsvorschriften. Industrieweite Anwendung der standardisierten Methoden zur sicheren und schnellen Kommunikation.
- Die ständige Verbesserung aller Leistungsprozesse bestimmt das tägliche Denken. Es gibt keine endgültigen Ziele, sondern nur Schritte in Richtung Optimierung und Innovation. Der Prozess und nicht das Ergebnis hat Priorität.
- Jeder Fehler wird als unbeherrschte Störung des Prozesses angesehen, dem bis auf die eigentliche Ursache nachzugehen ist. Dafür werden erhebliche Aufwendungen in Kauf genommen.
- Bereits heute werden die Probleme von morgen gesucht. Nicht die erfolgreiche Reaktion auf Probleme, sondern die Vorausplanung zur Vermeidung künftiger Probleme gilt als besondere Leistung.

- Die Entwicklung erfolgt in kleinen, beherrschten Schritten. Das Feedback auf jeden Schritt steuert den nächsten. Die Innovation wird durch schnelle Folge der Schritte erhöht, nicht durch riskante Sprünge.
- Unternehmensziele werden in fortlaufenden und mehrere Ebenen überlappenden Top-Down-Phasen für die jeweilige Ebene entwickelt.
- Führungskräfte schenken der wertschöpfenden Ebene (shop floor) die größte zeitliche und fachliche Aufmerksamkeit. Dabei gilt ihr Interesse vor allem der Unterstützung und dem Aufbau des menschlichen Potenzials und dabei vor allem der verbesserten Prozessbeherrschung.

Aus diesem „Katalog“ von Prinzipien ist es sicherlich der eine oder andere Gedanke wert, in Bezug auf seine Übertragbarkeit in die Schulwirklichkeit geprüft zu werden. Am Beispiel der Städtischen Gesamtschule Soest, die inzwischen in der Sekundarstufe I voll ausgebaute reformpädagogisch orientierte Gesamtschule mit einer ausgeprägten Teamstruktur, will ich zeigen, dass einiges davon durchaus schon mit Erfolg praktiziert wird und auf mögliche Schwierigkeiten, aber auch Chancen der Weiterentwicklung hinweisen.

Die Gesamtschule als neues Angebot im *Bildungsmarkt*

Historisch in engem zeitlichem und inhaltlichem Zusammenhang mit der Industrialisierung und der Entstehung der Nationalstaaten entstanden und gewachsen, ist Schule nach wie vor die zentrale gesellschaftliche Instanz, die Wissen und Erfahrungen, Einstellungen und Verhaltensweisen früherer Generationen „massenhaft“ in organisierter Form auf die nachwachsenden Generationen übertragen soll, um sie so auf die Bewältigung zukünftiger individueller und gesellschaftlicher Probleme vorzubereiten. Sie ist gleichzeitig Produkt der sie prägenden Gesellschaft wie sie ihrerseits eine prägende Wirkung auf die gesellschaftlichen Verhältnisse ausübt. In einer sich fortwährend verändernden Gesellschaft unterliegt auch die Schule einem ständigen Veränderungs- und Anpassungsdruck in Bezug auf die von ihr verlangten Leistungen. Dabei steht sie immer auch im Widerstreit unterschiedlicher gesellschaftlicher – politischer und individueller – Interessen.

In Deutschland hat sich das staatliche Schulwesen innerhalb der Sekundarstufe I ausdifferenziert: Nach der einheitlichen Grundschule konkurrieren vier Schulformen um die Gunst der Eltern und die Zuweisung von staatlichen Ressourcen. Da die Gesamtschule nicht – wie in vielen anderen europäischen Ländern – als Schule für sämtliche Kinder durchgesetzt wurde, muss sie sich gegenüber den konkurrierenden Schulformen (Hauptschule, Realschule, Gymnasium) ein eigenständiges Profil verschaffen, um sich – als historisch jüngste Form – auf Dauer einen gewissen „Marktanteil" zu erkämpfen und zu sichern. Dies wird nur dann gelingen, wenn sie die Eltern davon überzeugt, dass die Gesamtschule ihre Kinder am ehesten mit all dem versorgt, was sie an Kenntnissen, Fähigkeiten und Verhaltensweisen für die Bewältigung gegenwärtiger und zukünftiger Lebensprobleme voraussichtlich brauchen. Dies gilt natürlich in besonderem Maße für eine Schule, die – wie die Städtische Gesamtschule Soest – erst im Jahr 1995 in einer überschaubaren Kommune mit nahezu vollständigem Bildungsangebot im Bereich der Sekundarstufen I und II (3 Hauptschulen, 2 Realschulen, 3 Gymnasien und 2 Berufskollegs) neu eingerichtet und als neue Konkurrenz z. T. argwöhnisch beäugt wurde. Demgegenüber hatte sie auch die Chance, beim Aufbau auf die Erfahrungen anderer Gesamtschulen zurückgreifen zu können und mögliche Fehlentwicklungen von Anfang an zu vermeiden.

Das Schulprofil der Städtischen Gesamtschule Soest

Die Städtische Gesamtschule Soest hat – neben ihren „natürlichen“ Vorzügen als Gesamtschule (Ganztagsform, keine Vorentscheidung über den anzustrebenden Schulabschluss, vielfältiges Wahlpflichtangebot) vor allem zwei Ziele in den Mittelpunkt ihrer Arbeit und auch ihrer Außendarstellung gestellt: die Förderung der Selbsttätigkeit und Selbständigkeit der Kinder und Jugendlichen (Arbeitsstunde, Projektarbeit, fachübergreifendes Arbeiten) und – damit im Zusammenhang – die Förderung der sozialen und kommunikativen Kompetenzen (intensive und kontinuierliche Betreuung durch jahrgangsbezogene, „mitwandernde“ Lehrerteams, Tischgruppenarbeit, Regelung von Konflikten im Klassenrat). Damit erfüllt sie auch wichtige Anforderungen aus Politik, Wirtschaft und Gesellschaft an eine moderne Schulausbildung. Gleichzeitig ist an diesem Profil der Städtische Gesamtschule Soest ablesbar, dass hier von einem Menschenbild ausgegangen wird, das weniger abstrakte Anforderungen von außen als vielmehr die Persönlichkeit der Kinder und Jugendlichen in ihrem jeweiligen sozialen Umfeld als Ausgangspunkt für jegliche pädagogische Bemühungen betrachtet.[8]

Die Städtische Gesamtschule Soest unterscheidet sich damit von pädagogischen Ansätzen, deren Dreh- und Angelpunkt primär ein bestimmtes „Anspruchsniveau“ darstellt, das die Kinder und Jugendlichen möglichst alle erfüllen sollen. Auch wenn man von grundlegenden Aspekten wie dem jeweils zugrunde liegenden Menschenbild absieht, wird deutlich, dass der Ansatz, den die Städtische Gesamtschule Soest vertritt, in Bezug auf das einzelne Kind individueller und flexibler ist und schon dadurch mehr Chancen für eine bessere Bildung in sich

[8] Vgl. den Brief des Fördervereinsvorsitzenden an die Mitglieder des Soester Stadtrates im Vorfeld des Errichtungsbeschlusses, in: s. Anm. 1, S. 58ff.

trägt. Allerdings wird es gleichzeitig schwieriger, die erreichten Lernerfolge der einzelnen Lerngruppen untereinander zu vergleichen – hier wäre eventuell eine Entwicklung schulinterner Vergleichs-„Standards" wünschenswert. Allein eine Diskussion darüber, wie diese gestaltet sein könnten, würde eine intensive Reflektion der eigenen Arbeit und deren Intentionen erzwingen – vielleicht könnte man mit der Einrichtung von „Qualitätszirkeln" an entsprechende Erfahrungen aus der Industrie anknüpfen – warum nicht mit reformpädagogischem Anspruch und entsprechenden „Qualitätsanforderungen".

Auf den ersten Blick erscheint dieser Ansatz den aktuellen Qualitätssicherungsbemühungen der Kultusverwaltungen in Form von schulformübergreifenden Vergleichsarbeiten, Gegenkorrekturen durch Lehrkräfte anderer Schulen und Beteiligung an internationalen Vergleichsstudien diametral entgegengesetzt zu sein. In der Tat muss befürchtet werden, dass diese – im Bewusstsein vieler Lehrkräfte von außen erzwungenen – Maßnahmen eigene Anstrengungen zur *Qualitätssicherung* schon im Ansatz ersticken könnten, zumal die Bemühungen um ein spezielles Schulprofil auch die Entwicklung eigener, darauf bezogener Qualitätssicherungskonzepte notwendig machen. Hier besteht natürlich die Schwierigkeit, Fortschritte bei der Erreichung „weicher" pädagogischer Ziele wie Selbständigkeit, Selbstbewusstsein, Teamfähigkeit, Toleranz usw. zu dokumentieren. Demgegenüber ist es natürlich für alle Schulen sinnvoll zu wissen, was ihre Schülerinnen und Schüler im Vergleich zu anderen im Bereich der leichter überprüfbaren Fähigkeiten leisten (Beherrschung von Rechtschreibung und Sprachstrukturen, schriftliche Artikulationsfähigkeit, mathematisches Denken usw.). Die Ergebnisse dieser Vergleiche müssten nur – auch wenn es in der Konkurrenzsituation schwer fällt – nicht als pädagogischer Triumph bzw. fachliche Aburteilung, sondern als wichtige Orientierungsdaten für einen bestimmten Teilbereich von angestrebten Qualifikationen gewertet werden. Auf keinen Fall dürften sie die

Qualitätsdiskussion an der eigenen Schule dominieren und damit die Frage, was eigentlich den spezifischen Charakter und den pädagogischen Anspruch dieser Schule ausmacht, in den Hintergrund drängen. Auf das Letztere müssen sich die eigenen Evaluationsmaßnahmen und Qualitätssicherungsanstrengungen konzentrieren. Dabei würde auch deutlich werden, in welchem Ausmaß dieses Bild vom Menschen pädagogische Grundlage täglichen Handelns in den Klassenzimmern ist oder doch eher nur auf der Zielebene verankert ist. Damit ist ein wichtiger Aspekt von Qualitätssicherung schulischer Arbeit angesprochen, die Frage nach dem Verhältnis zwischen Zielvorstellungen und verwirklichter Praxis und – damit eng verbunden – das Problem der Kommunikation zwischen verschiedenen Arbeitsbereichen und auch Hierarchien in der Schule, letztlich der Ruf nach einer Organisationsphilosophie, die dem pädagogischen Anspruch einer Schule wie der Städtischen Gesamtschule Soest gerecht werden kann.

Die Teamstruktur der Städtischen Gesamtschule Soest

In der Städtischen Gesamtschule Soest erfolgt der Einsatz der Lehrkräfte im Prinzip so, dass zu Beginn eines jeden Schuljahres eine Gruppe von Lehrerinnen und Lehrern gemeinsam als Team die neuen fünften Klassen übernimmt (die Städtische Gesamtschule Soest wird in der Sek. I vierzügig geführt) und dann mit diesem Jahrgang die Schule „durchläuft“. Nach sechs Jahren, wenn die Schülerinnen und Schüler die Schule entweder verlassen oder in die gymnasiale Oberstufe wechseln, übernimmt das Team dann wieder erneut einen fünften Jahrgang. „Im Prinzip“ bedeutet das, dass dieses Modell Planungsgrundlage ist, auch wenn in der Praxis aus verschiedenen Gründen (Neuzugang bzw. Weggang von Lehrkräften, Unterricht in der gymnasialen Oberstufe, zwingender „teamfremder“ Einsatz bei bestimmten Fächern, längerfristige Vertretungen) gelegentlich anders verfahren werden muss.

Die Vorteile dieser Struktur liegen auf der Hand: Über die Jahre wird ein enger Kontakt zwischen den Kindern und Jugendlichen sowie deren Eltern einerseits und den Unterrichtenden andererseits aufgebaut, und kollegiale Kooperation kann sich viel leichter entwickeln als in Organisationsstrukturen, in denen Lehrkräfte „quer" durch alle Jahrgänge eingesetzt werden. Beides erhöht die Arbeitsmotivation und erleichtert die tägliche Arbeit. Auch erwies es sich als vorteilhaft, dass der Förderverein Reformschule Soest auf die bauliche Ausgestaltung der Schule Einfluss nehmen konnte. So verfügt in der Städtischen Gesamtschule Soest jedes der sechs Jahrgangsteams über einen eigenen Raum mit Büroausstattung für jede Lehrkraft.[9]

Jedes Jahrgangsteam verfügt im Prinzip über einen Beratungslehrer / Beratungslehrerin. Diese Funktion, die mit einer Unterrichtsentlastung verbunden ist, wird kollegiumsintern ausgeschrieben; über die Besetzung entscheidet die Schulleitung. Das Team selbst wählt einen Teamsprecher / Teamsprecherin, der/die regelmäßigen Teambesprechungen vorbereitet und leitet und die Interessen des Teams der Schulleitung gegenüber in den ebenfalls regelmäßig stattfindenen gemeinsamen Besprechungen (Teamsprecher-Schulleitungssitzungen) vertritt. Dieser Teamsprecher bzw. diese Teamsprecherin können bei dringendem organisatorischen Handlungsbedarf kurzfristig Teambesprechungen einberufen.

Neben der Einbindung in das Team bleibt natürlich noch die teamübergreifende Einbindung in die Fachkonferenzen, Lehrerkonferenz, Vertretung in der Schulkonferenz usw. Unterstützt werden die Teams durch interne „Service-Einrichtungen" wie den Beauftragten für die Organisation des Ganztagsbereichs (Arbeitsgemeinschaften, Pausenangebote), die Koordinatorin für Organisation (Schulbuchausleihe, langfristige Vertretungsplanung), die von einer Kollegin in enger Koope-

[9] Vgl. Volker Esch-Alsen, Schulprofil und Umbau des ehemaligen Atheneums zur Gesamtschule, in: s. Anm. 1, S. 70/71.

ration mit der Stadtbücherei geführte Schulbibliothek und nicht zuletzt durch das Sekretariat und die Hausverwaltung.

Ein Blick auf die oben aufgeführten Arbeits- und Organisationsprinzipien des „lean management“ zeigt, dass die Städtische Gesamtschule Soest mit diesem – in den ersten fünf Jahren ihres Bestehens geleisteten – organisatorischen Aufbau bereits jetzt wichtige Elemente einer modernen, dezentralen Struktur aufweist. Es bleibt zu untersuchen, welche Möglichkeiten die Führungsebene (Schulleitung) hat bzw. wahrnehmen sollte, um die innovativen Möglichkeiten dieser Struktur unter Berücksichtigung der pädagogischen Ziele der Schule zu nutzen bzw. zu verstärken.

Teamstruktur und Organisationsphilosophie

Eine Schule, die – wie die Städtische Gesamtschule Soest – den Anspruch hat, Kinder und Jugendliche zu selbstbewussten, kreativen und von der Sache her leistungsmotivierten Menschen zu erziehen, darf in Bezug auf das Verhältnis zwischen Schulleitung und übrigem Kollegium nicht entgegengesetzt verfahren, auch wenn dem zunächst die in der obrigkeitsstaatlichen Tradition wurzelnde hierarchisch aufgebaute Beamtenstruktur des Schulwesens im Wege stehen mag. Gerade die im Gesamtschulbereich recht ausdifferenzierte Schulleitungsstruktur birgt die Gefahr in sich, überkommene hierarchische Denkmuster und Verhaltensweisen unreflektiert zu übernehmen, was sich in einer Schule mit dezentraler Struktur als disfunktional und schlimmstenfalls motivationstötend herausstellen könnte.

Eine auf der Grundlage von Teamarbeit organisierte Schule erfordert demgegenüber – in Abgrenzung von einer „(Dienst)Anweisungskultur“ – die Entwicklung einer „Kooperationskultur“, deren Basis ein prinzipielles Vertrauen in die Selbstregulierungspotenziale des Kollegiums darstellt – was von Schülerinnen und Schülern erwartet wird, sollte billigerweise auch von Lehrerinnen und Lehrern erwartet werden können. Konsequenterweise können etliche Aufgaben, die traditionellerweise die Schulleitung wahrnimmt, in die Teams verlagert werden, so z.B. die Organisation voraussehbaren Vertretungsbedarfs, die Aufteilung von Ressourcen – personell wie materiell – im Team, eigene Organisation von Pausenaufsichten in einem eigenen „Teambereich“ auf dem Schulgelände, Vergleich der im Team verlangten Schülerleistungen und der dafür vergebenen Noten, Organisation und Koordination von Epochenunterricht und fachübergreifenden zeitlich begrenzten Projekten, Organisation jahrgangsbezogener Förderkonzepte etc.

Vieles davon wird an der Städtischen Gesamtschule Soest schon praktiziert – allerdings nicht in allen Teams. Es wäre einen Versuch wert, auch hier Anleihen bei Erfahrungen aus anderen Bereichen zu machen, indem zwischen Schulleitung (bzw. Abteilungsleitung) und einzelnen Teams Vereinbarungen getroffen werden, die das Ausmaß gegenseitiger Leistungserwartungen teambezogen festlegen. Dies hätte den Vorteil, dass unterschiedlichen Ansprüchen und auch Fähigkeiten unter den Teams flexibel entsprochen werden könnte. Darüber hinaus würde der Zwang zur Formulierung eigener Ansprüche sowohl von Seiten des Teams wie auch seitens der Schulleitung zu einer intensiven Reflexion der jeweiligen Position und – trotz unterschiedlicher Vereinbarungen – zu mehr „Übersichtlichkeit“ und damit zu mehr Rationalität im Umgang mit Strukturen führen. Es versteht sich von selbst, dass bei einem solchen Organisationsverständnis die Schulleitung sich selbst als Team verstehen muss.

Dadurch, dass alle Mitglieder der Teams gleichzeitig in anderen, schulübergreifenden Gruppen organisiert sind, wird die Gefahr allzu enger „Fixierung“ auf das eigene Team weitgehend vermieden. Den gleichen Effekt hat die frühzeitige Einbeziehung der Teamsprecher/-innen in gesamtschulische Entscheidungsprozesse durch regelmäßige Besprechungen mit der Schulleitung und die Sicherstellung eines kontinuierlichen Erfahrungsaustausches der Beratungslehrer/-innen untereinander.

Grenzen der Übertragbarkeit

Grenzen der Übertragbarkeit des Modells von Gruppen- bzw. Teamarbeit aus dem industriellen Bereich liegen darin, dass der zentrale Maßstab für Erfolg oder Misserfolg, der Gewinn, den die eigene Organisation aus der gemeinsam erbrachten Arbeit auf dem Markt erzielt, im schulischen Bereich in dieser Form nicht vorhanden ist. Es wäre auch fatal, pädagogische Prozesse einem Prinzip zu unterwerfen, das auf einzelbetrieblicher Ebene für höchste Effektivität sorgen kann, auf gesamtgesellschaftlicher Ebene aber zu seinem „Funktionieren" unbedingt einen Rahmen braucht, der die negativen Folgen dieser Art zu wirtschaften und zu denken begrenzt und der selbst einem anderen Prinzip verpflichtet ist, dem Prinzip der grundsätzlichen Orientierung am Gemeinwohl und der inneren und äußeren Freiheit der Menschen. Dies schließt allerdings nicht aus, diejenigen Elemente aus der Welt der industriellen Produktion, die mehr Arbeitszufriedenheit für den Einzelnen und einen sinnvollen Einsatz der (begrenzten) öffentlichen Mittel versprechen, im Bereich der öffentlich finanzierten „non-profit" – Einrichtungen wie dem Bildungssystem, das mit seinem hierarchischen Aufbau gelegentlich noch seine geschichtliche Affinität zur militärisch-bürokratischen Gesellschaft der Kaiserzeit erahnen lässt, zu erproben und ggf. zu übernehmen.

„Kunden" der Schule sind auch nicht nur Eltern und deren Kinder, sondern ebenfalls die Gesellschaft als ganze, in deren Namen und mit deren Mitteln die Kinder und Jugendlichen gebildet und ausgebildet werden, nicht zuletzt auch, um einen Beitrag zur Zukunftssicherung dieser Gesellschaft zu leisten.

Die Ziele und Maßstäbe für diese Bildungsarbeit müssen im Kontext der gesamtgesellschaftlichen Diskussion kontinuierlich erarbeitet und bei Bedarf verändert bzw. neuen Erfordernissen angepasst werden. In diesem Prozess dürfen die Schulen und ihr Personal nicht lediglich Zuschauer und später ausführende Organe sein, sondern möglichst selbst eine aktive, innovative Rolle spielen. Das Bewusstsein für diese wichtige Rolle ist in vielen Kollegien kaum vorhanden oder wird – wie in vielen anderen Bereichen – von der täglichen, als mühsam empfundenen Routine verschüttet und verdrängt. Dieses Bewusstsein zu wecken und den schulischen Alltag so zu strukturieren, dass Raum und Gelegenheit gegeben ist, über die eigene Arbeit gemeinsam nachzudenken und diese Arbeit möglichst weitgehend gemeinsam zu gestalten, sollte primäre „didaktische" Aufgabe der Schulleitung sein. Ohne eine entsprechende Organisationsphilosophie, die nicht nur in den Köpfen der Leitung, sondern genauso im Bewusstsein der anderen Mitarbeiter/-innen der schulischen Organisation verankert sein muss, wird dies nicht gelingen.

Selbststeuerung, staatliche Verantwortung, Öffnung von Schule

Die Qualität unserer Arbeit in der Schule hängt aber nicht nur vom Engagement ihrer Lehrkräfte ab. Auch die Städtische Gesamtschule Soest ist wie alle anderen öffentlichen Schulen des Landes Teilelement der traditionellen Bildungsverwaltung und unterliegt deren inhaltlichen Vorgaben (Richtlinien und Lehrpläne), materiellen Rahmenbedingungen (v. a. Personalausstattung) und nicht zuletzt deren Schulaufsicht (Kontrolle, aber auch Beratung).

Etliche der Ziele, die die Elterninitiative mit der Einrichtung der Schule verwirklichen wollte, konnten im Laufe der vergangenen Jahre und im Rahmen des staatlichen Bildungssystems erreicht werden: es gibt in der Region keine andere weiterführende Schule, in der in vergleichbarem Ausmaß Kooperation, Selbsttätigkeit, Unterricht an und in Projekten, Verbindung von praktischem Tun und theoretischem Lernen nicht nur das Ergebnis der individuellen Anstrengung von Lehrerinnen und Lehrern ist, sondern darüber hinaus einen festen Bestandteil des Selbstverständnisses als reformpädagogisch orientierte Schule darstellt. Die jährlichen Anmeldeverfahren sprechen darüber hinaus eine deutliche Sprache: In den letzten Jahren mussten bei 120 Aufnahmen jeweils etwa 100 Kinder wegen „Überfüllung“ zurückgewiesen werden. Dies zeigt, dass das Bildungsangebot dieser Schule auf eine sehr positive Resonanz auch bei den Eltern stößt.

Bei der – im Sinne der ursprünglichen Ziele der Elterninitiative strategisch wichtigen – Frage der geregelten Einbeziehung von gesellschaftlichen Impulsen, die von außen an die Schule herangetragen werden, entwickelten sich allerdings auch an dieser Schule Unsicherheiten. Ein Indiz hierfür ist der an schulinternen Widerständen vorläufig gescheiterte Versuch, in Form eines „reformpädagogischen Beirats“ sowohl wissenschaftliche wie auch politische Unterstützung aus dem universitären bzw. kommunalpolitischen Raum in die tägliche Arbeit der Schule einzubeziehen[10]. Trotz finanzieller Unterstützung durch ein Förderprogramm des Landes („Gestaltung und Öffnung von Schule“) und des Fördervereins der Schule scheiterte das Projekt bislang an der ungeklärten, nach wie vor strittigen Frage, ob überhaupt, wenn ja, in welcher Form und in welchem Umfang ein – durch staatliche Vorgaben nicht legitimierter – Beirat in die Schule „hineinwirken“ darf.[11].

Hier wird ein grundsätzliches Problem, das mit der Einräumung größerer Selbständigkeit für die einzelne Schule verbunden ist, quasi vorweggenommen: Wer „steuert“ das – mit größerer Selbständigkeit versehene – soziale Gefüge (Kinder, Jugendliche, Eltern, kommunale und staatliche Träger und

[10] vgl. Volker Esch-Alsen, Stadtteilarbeit und Lernwerkstätten als Mittel schulischer Organisationsentwicklung, in: s. Anm. 1, S. 113/114.

[11] vgl. Volker Esch-Alsen, Auflösung des reformpädagogischen Beirats? in: s. Anm. 1, S. 127/128.

das Kollegium umfassend) namens „Schule"? Reicht es aus, den Schulleiterinnen und Schulleitern mehr Einfluss (Macht) einzuräumen, z. B. durch größeren Einfluss bei Beförderungen, die „freihändige" (eigenverantwortliche) Vergabe von zusätzlichen Entlastungsstunden an bewährte Lehrkräfte oder bei der (Neu-) Einstellung von Unterrichtspersonal? Oder sollten gerade im Zuge der (erwünschten) „Öffnung von Schule" andere Kräfte einbezogen werden: Vertreter der pädagogischen Wissenschaften, ohne die eine (Selbst-)Evaluation von Schule nicht gelingen kann, Vertreter der Kommune oder von Stadtteilparlamenten, ohne die eine sinnvolle Einbettung der Schulaktivitäten in das lokale Umfeld nicht realisiert werden kann, Vertreter von Gewerkschaften und lokaler Wirtschaft, die z. B. ein grundlegendes Interesse an der Qualifikation zukünftiger Arbeitnehmer haben?[12]

Ein weiteres Problem wird bei dieser Auflistung deutlich: Kann eine *Schulleitung*, die sich im Grundsatz nach wie vor – in allen Schulformen – durch die Gewährung von „Entlastungsstunden" für Schulleitungstätigkeiten am Leitbild einer Nebentätigkeit (neben der eigentlichen Aufgabe als Pädagoge / Pädagogin) orientiert, die professionellen Ansprüche des Managements einer solchermaßen skizzierten Schule erfüllen? Die Fiktion eines erfahrenen Pädagogen, der mit lediglich halbierter Unterrichtsverpflichtung quasi nebenbei souverän eine moderne Schule leitet, hat zwar einen romantisch-sympathischen Zug, scheint mir bei Licht besehen allerdings eher ein Zeichen für einen gewissen Modernitätsrückstand im deutschen Schulsystem darzustellen – auch im Blick auf das Ausland.

---

[12] vgl. hierzu den Vorschlag der Kommission „Zukunft der Bildung – Schule der Zukunft" beim Ministerpräsidenten des Landes Nordrhein-Westfalen, Schulbeiräte institutionell vorzusehen, in: Bildungskommission NRW, Zukunft der Bildung – Schule der Zukunft. Neuwied / Berlin 1995, S. 166ff.

Ausblick

Dennoch – die Dinge lassen sich bewegen und sie sind in Bewegung geraten. Gerade ein Versuch, wie er von den Eltern des Fördervereins Reformschule Soest mit der Durchsetzung einer staatlichen Schule nach ihren eigenen (reform-) pädagogischen Vorstellungen unternommen wurde, macht dies deutlich.

Die aktuelle Diskussion um eine Reform der Schule speist sich allerdings aus sehr unterschiedlichen Quellen, zu denen neben einer eher reformpädagogisch akzentuierten Kritik am herkömmlichen Schulunterricht ohne Zweifel auch das Interesse an einer Reduzierung bzw. Begrenzung des finanziellen Aufwandes durch eine stärkere Rationalisierung im öffentlichen Dienst und die Befürchtung, im internationalen Konkurrenzkampf wirtschaftlich „abgehängt" zu werden, gehören. Wir sollten die Bewegung nutzen, um Lehrerinnen und Lehrer, aber auch Eltern- und Schülerschaft und die schulpolitisch interessierte Öffentlichkeit dafür zu sensibilisieren, dass hier Chancen liegen, die Arbeit in der Schule nicht nur „effektiver", sondern auch für alle Beteiligten befriedigender zu gestalten. Damit wird zugleich ein Beitrag zur Zukunftssicherung unserer Gesellschaft geleistet.

Literatur

BILDUNGSKOMMSSION NRW: Zukunft der Bildung – Schule der Zukunft. Neuwied, Berlin 1995.

DÖBERT, H. / DÖBRICH, P. / V. KOPP, B. / MITTER, W.: Studie zum Stand aktueller Bildungsdiskussionen im europäischen und außereuropäischen Rahmen (Deutsches Institut für Internationale Forschung) o. Datum (Internet 7/2000).

FÖRDERVEREIN REFORMSCHULE SOEST (Hrsg.): Reformpädagogische Ziele und ihre organisatorische Umsetzung – Materialien zur Schulprogrammentwicklung der Städtischen Gesamtschule Soest (1990–1999), Soest 2000 (Eigenverlag).

LOHRE, W. / ENGELKING, G. / HÖFER, C. / SPICHAL, D.: Einzelschulen entwickeln sich gemeinsam, in: Pädagogik 7–8/2000.

MINISTERIUM FÜR SCHULE UND WEITERBILDUNG UND LANDESINSTITUT FÜR SCHULE UND WEITERBILDUNG (Hrsg.): Schulentwicklung und Qualitätssicherung von Schule. Soest 1998.

METZEN, H.: Schlankheitskur für den Staat. Frankfurt/Main, New York 1994.

PETER HERRMANN / SABINE LILIENTHAL

Stadt als Schule

Dass in der Hauptschule eine Umstrukturierung erfolgen muss in Bezug auf die Unterrichtsformen, Unterrichtsinhalte und die damit verbundene Veränderung der Lehrerrolle, ist sicher schon seit langem im Gespräch bei der Schule selbst, aber auch in den Betrieben. Doch wo soll man beginnen? Was lässt sich realisieren und wie erreicht man die Kolleginnen und Kollegen, die oft sicher von der Theorie her eine Änderung der Hauptschule möchten, aber nur schwer zur aktiven Mitarbeit zu bewegen sind? Wir denken, dass die Schule Richard-Linde-Weg auf dem richtigen Weg ist, das Lernen der Zeit entsprechend anzupassen. Wie nun sieht es konkret aus? Ein langer Weg? Nicht unbedingt, doch Einsatz, Energie und Hartnäckigkeit von allen Beteiligten sind bis zum Äußersten erforderlich. Damit möglichst viele interessierte Kolleginnen und Kollegen von diesem neuen Modell erfahren und vielleicht sogar zur Nachahmung angeregt werden, sollen sie mit den nachfolgenden Ausführungen einbezogen werden in die Entwicklung bis hin zur ersten Bestandsaufnahme der Durchführung unseres Schulversuches für die 9. Hauptschulklasse. Er trägt den Namen „››› anSchuB zum Erfolg“ (Schub steht für Schule und Betrieb).

Was steckt dahinter?

Warteschleifen für Abgängerinnen und Abgänger der Hauptschule mit dem Hauptschulabschluss in der Tasche, wer kennt sie nicht? Sehr häufig gibt es für diese Schülerinnen und Schüler keinen Lehrvertrag und es bleibt ihnen nichts weiter übrig, als wieder einmal die doch eigentlich gehasste Schulbank zu drücken. Zum Scheitern verurteilt? In der Mehrzahl schon, denn nach dem Besuch des Berufsausbildungsförderungsjahres oder der Handelsschule folgt meistens die Unterstützung durch den Staat, ein kostspieliges Unterfangen also. Was bleibt eigentlich noch? Wenig,es sei denn, dass die Hauptschüler/-innen bereits schon während ihrer Hauptschulzeit mit der Berufswelt konfrontiert werden. Und genau da liegt der Ansatz des Schulversuchs. Der Schulversuch „>>> anSchuB zum Erfolg“ ist eingebunden in das Netzwerk von sechs Bundesländern, gefördert vom Bundesministerium für Bildung und Forschung (BMBF) zur *Flexibilisierung* der Eingangsphase in die Berufswelt. Er wird unterstützt und begleitet von der Hamburger Behörde für Schule, Jugend und Berufsbildung. Dabei werden Zielsetzungen, Erfahrungen und Anregungen aus dem langjährigen Modell „Stadt-als-Schule-Berlin“ mit aufgenommen. Der Unterschied liegt allerdings darin, dass im Gegensatz zu Berlin alle Schülerinnen und Schüler eines Jahrgangs in das Projekt einbezogen werden. Dort widmete man sich den Jugendlichen, die auf ihrem Wege zu einem Schulabschluss bereits einmal gescheitert waren.

Veränderungen in der Berufswelt – besonders für Hauptschülerinnen und Hauptschüler – erfordern eine Weiterentwicklung der Zielsetzungen und Aufgaben der Schulen. Eine Möglichkeit hierzu bietet die zeitweilige Einbeziehung eines außerschulischen Lernortes.

Wie kam es dazu und welche Maßnahmen mussten getroffen werden?

Im November 1999 wurde auf einer Veranstaltung des Institutes für Lehrerfortbildung in Hamburg (IFL) das Modell „Stadt als Schule“ vorgestellt. Eine vorgelegte Expertise diente als Grundlge für einen von der Freien und Hansestadt Hamburg gewollten Schulversuch. Unsere Schule bekundete sofort ihr Interesse und erklärte sich bereit, ab 01.08.2000 mit diesem Schulversuch in der Hauptschule zu beginnen.

Zunächst wurden Gespräche mit interessierten Kolleginnen und Kollegen sowie der Schulleitung geführt. Eine erste vage Zeitplanung über fünf Jahre Laufzeit wurde angedacht. Schließlich entwickelte sich aus zahlreichen Diskussionen heraus die Konzeptgruppe „>>> anSchuB zum Erfolg", der neben der Schulleitung zunächst drei, später dann vier Mitglieder des Kollegiums angehörten. Im Januar beschlossen die Gremien Lehrerkonferenz, Schülerrat, Elternrat und Schulkonferenz die Teilnahme an dem Schulversuch. Die Elternschaft der damaligen Hauptschulklasse 8 sprach sich einstimmig für dieses Modell aus. Neben vielen Fragen schien zunächst diese am wichtigsten zu sein: Wie gewinnen wir die für uns notwendigen Betriebe? Es wurde ein erstes Informationsblatt entwickelt, das Folgendes enthielt:

- Veränderungen der Berufswelt.
- Das Konzept: Hauptschülerinnen und Hauptschüler der Klasse 9 lernen an zwei Tagen pro Woche in einem Schulhalbjahr in einem Betrieb.
- Für den Schulversuch gilt:
  - Schülerinnen und Schüler bearbeiten eine selbstgeplante, besondere Lernaufgabe im Betrieb.
  - Sie werden von dortigen Fachkräften betreut und angeleitet. Die zuständigen Lehrkräfte beraten und unterstützen die Schülerinnen und Schüler regelmäßig vor Ort.
  - Ein intensiver Gedankenaustausch zwischen den Lehrkräften und betrieblichen Betreuern ist erforderlich.
  - Die individuellen Erfahrungen und Lernprozesse der Schülerinnen und Schüler in den Betrieben bestimmen die Unterrichtsinhalte in der Schule.
- Hieraus resultiert:
  - Schülerinnen und Schüler, Lehrkräfte und Betrieb bilden eine Einheit.
  - Inhalte und Arbeitsweisen im Unterricht verändern sich.

  - Es ergeben sich zukunftsorientierte Perspektiven für Schülerinnen und Schüler sowie Betriebe.
- Ziel: Grundlagen schaffen für lebenslanges, selbständiges Lernen.

Dieses „Papier“ diente als Vorlage für die Behörde, die zwar den Schulversuch an uns herangetragen, doch bis zu dem Zeitpunkt noch keine weiteren Schritte von sich aus unternommen hatte. So mussten wir ohne behördliche Unterstützung die Suche nach Praxislernorten eigenständig in die Hand nehmen. Ein nicht ganz leichtes Unterfangen – wie sich herausstellte – und mit einem enormen Zeitaufwand. Wo auch immer sich die Möglichkeit eines Gespräches bezüglich Praxisplätzen ergab, wurde sie in einer Art „Klinkenputzen“ wahrgenommen.

Die Konzeptgruppe erarbeitete Ende Januar eine Vorlage des Konzeptes für den Schulversuch, die mit Vertretern der Behörde redigiert wurde. Entscheidend dabei war die Erfüllung der Hamburger Stundentafel in Bezug auf die Bedingungen der KMK.

Erfreulicher als die Arbeit zum damaligen Zeitpunkt war der Besuch der Konzeptgruppe – ohne Schulleiter, aber mit Elternratsvorsitzendem, der Koordinatorin für unsere Hauptschule und dem Schulberater für Berufsorientierung – der Gustav-Eiffel-Oberschule, Kastanienallee in Berlin. Es ergab sich dort die Möglichkeit einer Hospitation im Unterricht des „Produktiven Lernens an Berliner Schulen“. Eine Exkursion, die jedem, der sich ernsthaft mit Veränderungen in der Hauptschule befasst, dringend empfohlen werden muss.

Dahin gehend bestärkt, dass der von uns angestrebte Weg zur Umstrukturierung der Hauptschule der einzig richtige sei, nahmen wir die Arbeit erneut motiviert auf. Es folgten diverse Überarbeitungen des Konzeptes mit Vertretern der Behörde bezüglich der Rahmenstundentafel und des für diesen Schulversuch neu zu erstellenden Zeugnisformulars. Intensiv vorangetrieben wurden die Kontaktaufnahmen mit der Lokalpresse, der Wirtschaftlichen Vereinigung, der Handelskammer, der Handwerkskammer, den Innungen, dem DGB, dem Arbeitsamt, dem Diakonischen Werk, der Umweltbehörde, den Parteien, verschiedenen Verlagen und dem Kreiselternrat. Auch das Institut für Lehrerfortbildung half mit einer Veranstaltung in der Metallinnung mit. Daraus resultierten neue Verbindungen auf der Suche nach Praxisplätzen.

Endlich – im Mai – reagierte nun auch die Behörde. Diskutiert und geklärt wurden Detailfragen zur Stundentafel, zur Fächerverbindung in den Bereichen Naturwissenschaften (Biologie, Physik, Chemie) und Gesellschaft (vorher Politik, Geschichte und Erdkunde), zur Ausstattung mit versuchsbedingten Lehrermehrstunden und zu finanziellen Ressourcen. Die für „››› anSchuB zum Erfolg“ wichtige „Besondere Lernaufgabe“ am *Praxislernort* wurde als eigenständiger Lernbereich anerkannt und geht als direkte Benotung in das Zeugnis ein. Offen blieben weiterhin die Fragen der Benotung bei der Fächerverbindung, des Zeugnisformulars und der personellen Ausstattung. Erst im Juni – bis dahin waren wir oft schon versucht, unseren Schulversuch aufzugeben – erreichte uns die offizielle Nachricht, dass die Schulsenatorin dem Modell „››› anSchuB zum Erfolg“ zustimmt.

Im Rahmen der Konzepterarbeitung des Schulversuchs wurde dieser eingebunden in ein länderübergreifendes Projekt zur Flexibilisierung der Eingangsphase in das Berufsleben. Als Beitrag der Hamburger Arbeitsgruppe ist der Berufswahlpass entwickelt worden, der als ein Instrument für Schülerinnen und Schüler aller Schularten eingesetzt werden soll. Der Pass ermöglicht ihnen in eigener Verantwortung die Organisation und Dokumentation ihrer berufsorientierenden Maßnahmen (Betriebspraktika, Berufserkundungen u. Ä.) vorzunehmen.

Eine willkommene Abwechslung bot die Reise nach Schwerin zu einem ersten gemeinsamen Gedankenaustausch des Nordverbundes über neue Wege beim Übergang aus der Schule in die Berufs- und Arbeitswelt. Es wurden angedachte und bereits erfolgreich erprobte Modelle aus den sechs beteiligten Bundesländern vorgestellt und diskutiert. Dabei wurde deutlich, dass das Hamburger Modell „>>> anSchuB zum Erfolg“ in seiner Entwicklung am weitesten fortgeschritten war. Ein Erfolg, den wir zu diesem Zeitpunkt gut gebrauchen konnten.

Erwähnt werden müssen an dieser Stelle die finanziellen Mittel für die Anschaffung neuer Medien für Dokumentationszwecke, die uns die Schulbehörde unterstützend zusagte. Der anfangs zugesicherte Fonds der Zeitstiftung entfiel und bei der Anforderung der behördlichen Gelder liefen wir nicht gerade offene Türen ein. Dennoch gelang es letztlich durch Hartnäckigkeit die Bereitstellung von finanziellen Mitteln in Höhe von DM 20.000 aus dem Innovationsfonds durchzusetzen. Mit dieser „Finanzspritze“ wurden zwei digitale Videokameras, fünf Fotoapparate – davon ein digitaler – und dazugehörige Projektionsgeräte angeschafft. Damit war – zumindest von technischer Seite - die zukünftige Dokumentation sichergestellt. Langfristig gesehen werden diese Aufzeichnungen einen wesentlichen Beitrag zur Evaluation leisten.

Pünktlich mit Beginn des Schulversuches „>>> anSchuB zum Erfolg“ war ein neuer Computerraum nach intensiven Planungen und umfangreichen Baumaßnahmen fertiggestellt. Hierfür stellte die Hamburger Schulbehörde rechtzeitig zusätzliche Sondermittel zur Verfügung. Die Lernwerkstatt „Neue Medien“ ist im Untergeschoss des „anSchuB – Hauses“ (Klassenräume der beiden Hauptschulklassen 7, Hauptschulklassen 8 und 9). Es wurde auf einen Server verzichtet, denn ISDN- und Drucker-Router reichen völlig aus. Das Emailen klappt über freemail. PC-Wächterkarten, die in allen 14 Schülerarbeitsplätzen eingebaut sind, setzen beim erneuten Hochfahren eines Rechners den Ursprungszustand wieder her bzw. machen alle Veränderungen oder Installationen rückgängig. Folglich können die Schülerinnen und Schüler die Rechner uneingeschränkt und teilweise auch unbeaufsichtigt zur Verfügung gestellt werden. So kann die Medienwerkstatt auch in den Pausen von den „anSCHuB"-Klasssen 8 und 9 genutzt werden. Da die Stundentafel für den Schulversuch verändert wurde, um die Zeiten für das Lernen in der Praxis zu schaffen, erhalten die Schülerinnen und Schüler der Jahrgangsstufe 7 zwei Wochenstunden Computerunterricht in Halbklassen. Sie sollen die Grundfunktionen des Betriebssystems erlernen, gewisse Fertigkeiten mit der Textverarbeitung gewinnen, die Nutzung des Internets als Informationsquelle sowie den Einsatz von Lernsoftware und Lexikon-CD beherrschen lernen. Diese Kenntnisse sollen dazu dienen, in den folgenden Klassen 8 und 9 den Computer fächerunabhängig benutzen zu können. Das angestrebte Ziel ist es auch, dass die Schülerinnen und Schüler einzeln oder in Kleingruppen von dem gerade unterrichtenden Lehrer mit einem Arbeitsauftrag in die Medienwerkstatt geschickt werden können, z. B. um die Besonderen Lernaufgaben aus dem Betrieb zu dokumentieren.

Zielsetzung des Schulversuches „››› anSchuB zum Erfolg"

Der Schulversuch soll

- in einer Übergangsphase von der Hauptschule in die Berufswelt neue Lernformen entwickeln und unter Berücksichtigung praxisorientierten und berufsnahen Lernens die Motivation und die Interessen der Schülerinnen und Schüler stärken,
- die realistische Selbsteinschätzung der Fähigkeiten ermöglichen und hierdurch Chancen verbessern, den Hauptschulabschluss zu erreichen,
- für Hauptschülerinnen und Hauptschüler die Einstiegschancen in das Berufsleben verbessern,
- auch für Schülerinnen und Schüler ohne Hauptschulabschluss aufgrund hinzugewonnener praxisbezogener Er-

fahrungen die Chancen für den Einstieg in die Berufswelt ermöglichen,
- zukünftig immer wichtiger werdende Verknüpfungen zwischen schulischer Bildung und betrieblichen Anforderungen aufbauen und intensivieren,
- eine für beide Seiten erfolgreiche Basis gegenseitiger Verpflichtungen zur Lernherausforderung und Förderung der Schülerinnen und Schüler erarbeiten,
- Erfahrungen anderer Schulversuche (z. B. Stadt-als-Schule / Berlin) aufgreifen und für die Entwicklung der pädagogischen Arbeit und schulischer Organisationsformen in der Schule Richard-Linde-Weg nutzen.

Stundentafel

Die *Stundentafel* erfüllt alle Auflagen der Kultusministerkonferenz. Für die Kernfächer Deutsch, Mathematik und erste Fremdsprache in den Klassenstufen fünf bis neun werden die in der Regelstundentafel vorgesehenen Wochenstunden in vollem Umfang beibehalten und die Qualität des Lernerfolgs durch das anwendungsbezogene Arbeiten an praxisorientierten Lernaufgaben zusätzlich gesichert. Die für das Lernen und Arbeiten an den Praxislernorten erforderlichen 11 Wochenstunden werden aus dem Stundenkontingent des Faches Arbeitslehre / Berufsorientierung, dem Wahlpflichtbereich sowie den Fächern der Naturwissenschaften, Gesellschaft und Künste gewonnen. Die Verminderung der Stunden des schulischen Unterrichts in diesen Fächern wird durch die Lernleistungen kompensiert, die die Schülerinnen und Schüler beim Lernen und Arbeiten am Praxislernort sowie bei der Bearbeitung der „Besonderen Lernaufgabe" erbringen.

Die Stundentafelveränderungen überschreiten nur in wenigen Ausnahmen den Flexibilisierungsrahmen, der mit der Stundentafelverordnung den Hamburger Schulen zur Umsetzung der Bildungsaufgaben vorgegeben ist. Ein erheblicher Anteil des Gesamtkontingents für den neuen Arbeits- und Lernbereich „Lernen in der Praxis“ und der damit verbundenen „Besonderen Lernaufgabe“ wird bereitgestellt. Die Fächer Chemie, Physik, Biologie und Technik werden in den Jahrgängen acht und neun zum Lernbereich Naturwissenschaft zusammengefasst, die Fächer Erdkunde, Geschichte und Politik zum Lernbereich Gesellschaft.

Der in diesem Schulversuch erwerbbare Schulabschluss wird bundesweit anerkannt.

Mit Volldampf in die Praxis

Nach den Sommerferien begann am 12. September 2000 für 25 Schülerinnen und Schüler der Klasse A9 der Start in die Praxis mit einer Kompaktwoche. An vier Tagen erhalten sie die Möglichkeit, sich an ihrem selbstgewählten Praxislernort einzuleben. Eigentlich hätten alle Schülerinnen und Schüler auch von unserem Angebot Gebrauch machen können. Immerhin hatten wir zu diesem Zeitpunkt 90 Praxisplätze zur Verfügung. Unsere anfängliche Befürchtung zu wenig Praxisplätze zu finden war mit einem Male hinfällig. Keiner von allen Beteiligten hätte diesen Tatbestand jemals für möglich gehalten. Die Bereitschaft der Betriebe Schülerinnen und Schüler in einem derartigen Praktikum zu betreuen, übertraf alle Erwartungen.

Welche Betriebe und Institutionen wurden nun gewählt?

Friseur	Spedition	Kindergarten
Tischlerei	Gartenbau	Hafenschiffer
Zahnarzt	Floristik	Metallbau
Kosmetiksalon	Einzelhandelsgeschäfte	

Hebammenpraxis	Einrichtung für Behinderte
Modellbau	Jugendwerkstatt der Kirche
Schule / Hausmeister	Autowerkstatt

In der ersten Praxiswoche wurde mit den Betrieben / Institutionen eine *Lernvereinbarung* getroffen. Sie stellt den Schülerinnen und Schülern, den Betrieben und den betreuenden Lehrkräften festgelegte Aufgaben und sichert somit die praxisorientierte Arbeit und führt zur „Besonderen Lernaufgabe".

Innerhalb der ersten vier Wochen legen die Schülerinnen und Schüler aufgrund ihrer gesammelten Erfahrungen und besonderen Interessen eine von ihnen selbständig geplante und anzufertigende „Besondere Lernaufgabe" fest. Dabei werden sie durch die betrieblichen Anleiter und durch die Lehrkräfte beraten und unterstützt. Diese „Besondere Lernaufgabe" ist während des Praktikums anzufertigen und geht als eigenständige Note direkt in das Zeugnis ein.

Abb. 1 Tischlerei: Arbeit an der Plattensäge

Abb. 2 Arbeit mit der Bohrmaschine

Abb. 3 Kindergarten: Bauen mit Klötzen

Aus dem bisher laufenden Praktikum ergaben sich bisher u. a. folgende Beispiele für „Besondere Lernaufgaben“:

- Tischlerei: Darstellung eines Tischlereibetriebes über einen Zeitraum von 30 Jahren unter der besonderen Zielsetzung des Wandels der Maschinen, der Aufträge und der Betriebsstruktur.
- Einrichtung für Behinderte: Untersuchung der Lebensläufe und Lebensbedingungen zweier behinderter Erwachsener unter besonderer Berücksichtigung ihrer Arbeitsmöglichkeiten und Freizeitaktivitäten in einer beschützenden Werkstatt.
- Gartenbau: Der Baumschnitt an Zier- und Nutzgehölzen unter Beachtung fachgerechter Anwendung und Einpassung in eine gartenbauliche Anlage.
- Modellbau: Die Entwicklung und Erstellung eines fertigen Kunststoffmodells unter Berücksichtigung der jeweiligen Entwicklungsschritte und der unterschiedlichen Materialien.

Bisherige Erfahrungen in den Betrieben

In allen Betrieben und Einrichtungen finden die Schüler eine für sie stark motivierende *Lernsituation* vor. Der Ernstcharakter ihrer Aufgaben ist dabei sehr deutlich geworden, darüber hinaus wird er von den Schülerinnen und Schülern angenommen. Die Möglichkeiten, eigene Erfahrungen zu sammeln, bestärken in jeder Hinsicht die Durchführung der gestellten Aufgaben.

In einer Tischlerei stellt ein Schüler 50 Holzkoffer her, in denen Hörgeräte präsentiert werden sollen. Von der Planung bis zur Fertigstellung ist er für die Ausführung dieses Auftrages selbst zuständig. In einem Metallbaubetrieb fertigt ein Schüler nach vorgegebenen Plänen Metallteile an, die der weiteren Produktion dienen. In einem Friseurbetrieb führt eine Schülerin an Kunden Haarwäschen durch, bereitet sie für die Dauerwelle vor und betreut die Kunden während ihrer Sitzung. In einer Hebammenpraxis unterstützt eine Schülerin die Hebamme bei der Durchführung von Schwangerschafts- und Nachsorgegymnastik bei Patientinnen. Sie betreut darüber hinaus Säuglinge unter Anleitung.

Zusammenfassend lässt sich feststellen, dass die Schülerinnen und Schüler an allen Praxislernorten für die Betriebe bzw. Einrichtungen eine Bereicherung darstellen. Daraus ergeben sich bereits jetzt – am Anfang der Klasse 9 – zukunftsorientierte Perspektiven für einen Lehrvertrag. Ein Lehrvertrag wurde bereits verbindlich abgeschlossen, zwei weitere stehen in Aussicht.

Schulabschluss zu einem erfolgreichen Anschluss

Die positiven Resonanzen in der Kürze der Zeit von Seiten der Schülerinnen und Schüler sowie der betrieblichen Betreuer bestätigen uns darin, dass die Realisierung des Schulversuches „>>> anSchuB zum Erfolg“ mit Beginn des Schuljahres 2000/2001 ein neuer Weg ist, um Schule erfolgversprechend zu verändern. Mit dem Lernen an außerschulischen Lernorten wird eine Verbindung von der Schule in die Berufswelt geschaffen, die den Hauptschülerinnen und Hauptschülern neue Perspektiven ermöglichen. Sie lernen schon vor ihrem Einstieg in die Arbeitswelt verschiedene Berufsfelder kennen. Das bedeutet eine zwangsläufige Veränderung des Lernens, denn der Unterricht in der Schule wird durch ein praxisbezogenes Lernen erweitert. Die Schülerinnen und Schüler nehmen direkten Einfluss auf den Untericht und bestimmen Inhalte mit. Dadurch ändern sich selbstverständlich auch die Unterrichtsmethoden. Fächerverbindender Unterricht, Lernen an Stationen und Werkstattunterricht bieten eine Fülle von Möglichkeiten, Schülerinnen und Schüler teamfähig zu machen und selbständig zu lernen. Doch der Erfolg dieses Schulversuches hängt im Wesentlichen von der Bereitschaft der Betriebe ab, Anteil nehmen zu wollen an der Mitbestimmung, Mitgestaltung und Mitverantwortung für die Ausbildung junger Menschen, die wir in guter Partnerschaft an die Berufswelt heranführen wollen. Der Prozess der Erziehung und des Lernens kann nicht länger allein der Schule unterliegen. Die betriebliche Einflussnahme spielt zukünftig eine wichtige und entscheidende Rolle. Dabei sollen auch die Grundwerte Pünktlichkeit, Zuverlässigkeit und Pflichtbewusstsein wieder stärker in den Vordergrund treten. Nur durch eine intensive verantwortungsbewusste Zusammenarbeit aller Beteiligten kann der Schulversuch „>>> anSchuB zum Erfolg“ zum erfolgreichen Anschluss führen.

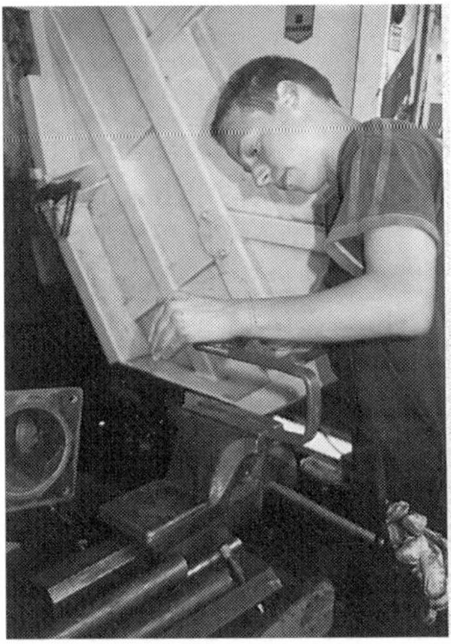

Abb. 4 KFZ-Werkstatt: Entrosten

Abb. 5 Einzelhandel: Lagerhaltung

BOB VAN DE VEN

Die „brede school": Ein neues pädagogisches Konzept in den Niederlanden.

Die Schule steht mitten in der Gesellschaft und steht mithin unter Einfluss der Entwicklungen in dieser Gesellschaft. Von Schulen und pädagogischen Institutionen wird immer mehr erwartet. Die Bedingungen unter denen Kinder und Jugendliche aufwachsen, haben sich in den letzten Jahren stark geändert. Es ist bestimmt nicht mehr so, dass die meisten Kinder und Jugendlichen in harmonischen Umständen aufwachsen. Viele Kinder und Jugendliche wachsen auf in Familien, in denen ein Elternteil fehlt und die Zahl der Familien, in denen beide Elternteile arbeiten, hat stark zugenommen. Das heißt, dass die Eltern weniger Zeit für ihre Kinder haben und dass ein starkes Bedürfnis entstanden ist nach Schulen, in denen die Kinder den ganzen Tag aufgefangen werden. Damit hat sich also die Aufgabe der Schule stark geändert. Schule ist nicht mehr nur eine Institution, in der Wissen und Können vermittelt werden, sie wird immer mehr zu einer pädagogischen Ganztagseinrichtung, wobei die Rolle der Eltern zu einem nicht unerheblichen Teil mit übernommen wird.

In den Niederlanden entwickelt sich eine Tendenz, bei der die Schulen versuchen, diesen veränderten Herausforderungen gerecht zu werden, und sie bieten ein Programm an von morgens acht Uhr, manchmal schon mit einem Frühstücksangebot, bis zum späten Nachmittag. Die Schule entwickelt damit ein sehr breites Angebot. Daher der Name „brede school", breite Schule. Die „brede school" kennt viele Erscheinungsformen. Man kann nicht von der „brede school" reden. Das zeigt sich schon aus den vielen Namen, die man solchen Schulen gibt: Fensterschule nennt man sie in Groningen,

Communityschule in Amsterdam, Plusschule in Tilburg, Brede Buurtschool (breite Stadtviertelschule) in Den Haag, Forumschule in Utrecht usw.

Im Nachfolgenden werden wir diese neueste Entwicklung im niederländischen Schulwesen näher betrachten.

Was ist eine „brede school"?

Schule und Umgebung

Die „brede school" ist ein Netz von Unterricht und Jugendfürsorge für Kinder und deren Eltern. Es geht darum, einen praktischen Zusammenhang zustande zu bringen zwischen Schule und Umgebung. Ein Netz, das aus der Schule und anderen Partnern in der Umgebung (kulturelle Einrichtungen, Sportvereinen, Polizei, Jugendbibliotheken usw.) besteht, mit der Zielsetzung, die aktive Teilnahme der Kinder am gesellschaftlichen Leben zu fördern, Kindern eine gute Tageseinteilung zu bieten, eventuelle Entwicklungsrückstände zu beseitigen und ihre sozialen Fähigkeiten zu vergrößern.

Dezentralisierung

Nachdem sich die Dezentralisierung in der Bildungspolitik durchgesetzt hat und die Rolle der Gemeinde für Bildung größer geworden ist, hat sich die Möglichkeit geboten, Initiativen in der Richtung der „brede school" zu entwickeln. Mit zusätzlichen Gemeindegeldern können die Schulen diese neue Aufgabe in Angriff nehmen und den Schultag völlig neu einrichten. Die Gemeinde spielt meistens eine wichtige Rolle bei diesen Entwicklungen und sieht darin eine gute Möglichkeit, verschiedene Partner, die auf irgendeine Weise Verantwortung tragen, für das Aufwachsen und die Erziehung und Bildung der Kinder und Jugendlichen zu intensiver Zusammenarbeit aufzufordern und zusammenzuführen.

Die Initiative liegt meistens bei der Schule. Aber die Schule wird mit vielen neuen Aufgaben konfrontiert und sucht Zusammenarbeit. Jugendsozialarbeit, Jugendhilfe, Sozialamt, Gemeinde, Stadtviertel, Kinderbetreuung, Polizei, Sport- und Gesellschaftsvereine sind die möglichen Partner. In manchen Fällen ergreift auch die Lokalpolitik die Initiative.

Was will man mit dem Konzept der „brede school“ erreichen?

Unterschiedliche Initiativen

Was Zielsetzungen und Gestaltung der „brede school“ betrifft, gibt es erhebliche Unterschiede zwischen den verschiedenen Initiativen, weil das Arrangement der „brede school“ vor allem eine Antwort sein soll auf die Entwicklungs- und Unterstützungsbedürfnisse der Kinder und Eltern in der direkten Umgebung der Schule.

Bei den meisten Initiativen, die Schule zu einer „brede school“ zu entwickeln, werden folgende Ziele genannt:

- Das Vorbeugen oder Beseitigen von (Bildungs)Rückständen.
- Das Bieten von Chancen an der breiten Entwicklung der Kinder.
- Die Verbesserung der sozialen Kohäsion im Stadtviertel bzw. in der Gemeinde.
- Die (außerschulische) Betreuung von Kindern und Jugendlichen ermöglichen.
- Der Schule einen besseren und deutlicheren Platz im Stadtviertel geben.
- Die Schule attraktiver machen für Schüler und Eltern.
- Die Jugendproblematik und die Jugendfürsorge integrativer und flexibler anzugehen.

Akzente

Abhängig von der Problematik und den spezifischen Bedingungen, die die Schule in ihrer Umgebung antrifft, werden bestimmte Akzente gesetzt. Wird die Schule vor allem von Kindern aus sozial-schwachen Familien, häufig also von Kindern, die in ihrer Entwicklung zurückgeblieben sind, besucht, dann wird die Schule vor allem daran arbeiten, diese Rückstände zu beseitigen (z.B. mittels vorschulischer Bildung oder mittels spezieller Programme für die Eltern). Auch den Eltern wird die Möglichkeit geboten, sich in der Schule weiterzuentwickeln und -zubilden. Es werden Abende für sie organisiert, an denen zum Beispiel pädagogische Fragen behandelt werden, an denen ein Jugendarzt über Probleme der Jugendlichen informiert oder erläutert, wie man Kinder gesund ernährt. Da es immer wieder vorkommt, dass Kinder ohne Frühstück in die Schule kommen, gibt es nicht wenige Schulen, die den Kindern morgens ein Frühstück anbieten.

„Wohnzimmerprojekte“

Ein anderes Problem, an das man mit den „breden“ Schulen herangehen will, ist der vorzeitige Schulabbruch. Immer häufiger kommt es vor allem in den Großstädten vor, dass die Jugendlichen die Schule ohne Schulabschluss oder Zeugnis verlassen. Ihre Chancen auf dem Arbeitsmarkt sind dann sehr gering. Oft zeigt es sich, dass viele von ihnen es später bedauern, dass sie keinen Abschluss haben. Man hofft durch das neue Schulkonzept auch die Schüler, die weniger an einem Studium interessiert sind, mittels eines interessanten Programms in der Zeit nach den Unterrichtsstunden an die Schule zu binden. In diesem Programm verbindet man Schulzeit mit Freizeit. Man redet von „Wohnzimmer-Projekten“, wobei die Jugendlichen in einer häuslichen Atmosphäre in der Schule aufgefangen werden. Freizeit und Hausaufgaben wechseln sich dabei ab. Auf diese Weise erreicht man auch, dass weniger Jugendliche nach der Unterrichtszeit ziellos ihre Freizeit verbringen. Es trägt also auch zu der Sicherheit im Stadtviertel bei. Vor allem auch, weil die Jugendlichen auf diese Weise lernen, wie sie ihre Freizeit angenehm und nützlich gestalten können.

Verlängerter Schultag

Befindet die Schule sich in einem Stadtviertel, in dem die Kinder und Jugendlichen unter günstigeren Bedingungen aufwachsen, dann liegt der Akzent der „brede" Schule mehr auf der nachschulischen Betreuung. Das entspricht dem Bedürfnis der Eltern, die in vielen Fällen beide berufstätig sind und ein großes Interesse daran haben, dass der Schultag „verlängert" wird.

All diese Erscheinungsformen der „brede school" trifft man sowohl in der Primarschule als auch in der Sekundarschule an.

Die Partner

„Alte" Ideen sind wieder modern

Nicht alles ist neu an der „brede school". Viele Ideen waren vor Jahren auch schon an der Tagesordnung. Auch damals schon, vor fast fünfundzwanzig Jahren, wurde von den Differenzen zwischen den Erziehungsumgebungen gesprochen. Das sozial-pädagogische Klima ist nicht in allen Einrichtungen, die mit Kindern arbeiten, gleich. Es gibt da gewiss Unterschiede in den Normen und Werten, von denen man in der Erziehung ausgeht. Und im Stadtviertel und zu Hause werden auch nicht dieselben Verhaltensregeln eingehalten wie in der Schule. Der Nutzen der „brede school" soll sich darin zeigen, dass diese Differenzen im Interesse der Entwicklungschancen der Kinder verringert werden. Daher ist eine intensive Zusammenarbeit zwischen Schule, Familie und Umgebung erforderlich. Das Angebot der „brede school" soll einen Zusammenhang herstellen mit dem Angebot im Stadtviertel, bei Sportvereinen und anderen Institutionen, die sich mit Erziehung und Bildung beschäftigen. Wesentlich bei der Entwicklung der „brede schoolen“ ist die Zusammenarbeit mit den Eltern und den Kindern und Jugendlichen. Vor allem die Beteiligung der Eltern und deren Interesse für das Vorhaben ist unbedingt erforderlich, um das Konzept der „brede school“ erfolgreich zu verwirklichen.

Rolle der Jugendichen

Die Frage, die man sich dabei stellen muss, ist, auf welche Weise man sich der Partizipation der anderen Partner vergewissern kann. Und was die Beteiligung der Jugendlichen betrifft: Wie gelingt es den zusammenarbeitenden Partnern und den Schulen ihre Aktivitäten zu verknüpfen mit den Bedürfnissen und Wünschen der Kinder und Jugendlichen? Die „brede school“ soll nach Möglichkeiten suchen, um die Jugend in die Gestaltung der „brede school“ aktiv einzubeziehen und ihnen auch Verantwortung dafür zu übertragen.

„Partizipierende Partner“

Bildungspolitisch wird festgestellt, dass es bei der Entwicklung der „brede school“ ein wichtiges Kriterium ist, inwieweit mit der Jugend zusammen das Konzept entwickelt wird. Das besonders soll auf Gemeindeniveau realisiert werden. In vielen Entwürfen der „brede school“ werden vor allem die Eltern explizit als Zielgruppe genannt. Es geht dabei nicht um das formelle Mitverwaltungsrecht, sondern um tatsächliche Elternpartizipation. Die Eltern werden bei der Gestaltung der Entwicklungsprozesse der Kinder und Jugendlichen mit einbezogen. Besonders gilt das natürlich in den Stadtvierteln, in denen viele sozial-schwache Familien wohnen. Gerade hier ist es notwendig zu versuchen, die Eltern zu erreichen und mit verantwortlich zu machen für den Erfolg der 'brede school'. Gerade dazu braucht die Schule gute Kontakte mit anderen Partnern im Stadtviertel, mit Organisationen, die sich zum Beispiel spezialisiert haben auf den Umgang mit Minderheitsgruppen und Allochthonen.

Schule als Initiator

Bei allen Versuchen, eine solche Zusammenarbeit zustande zu bringen, spielt die Schule eine wichtige Rolle. Meistens ist es sogar so, dass die Schule die Initiative ergreifen muss. Die Schulen arbeiten mit einer breiten Palette an Partnern zusammen: mit dem Jugendsozialamt, der Jugendhilfe, dem Sozialamt, mit der Gemeinde, der Polizei, der Kinderbetreuung, auch mit Sport- und Gesellschaftsvereinen und Bibliotheken. Obwohl man in mehreren Gemeinden schon Erfahrungen hat bei der Zusammenarbeit zwischen dem Jugendsozialamt und der Schule. Das Bildungsministerium sieht es daher als seine Aufgabe an, „good practice"-Beispiele zu verbreiten, damit die Schulen und Gemeinden davon lernen können.

Regierolle der Gemeinde

Durch die Politik der Dezentralisierung im Bildungswesen sind die Gemeinden in der Position, nun selbst die Regie zu führen bezüglich Bildung und Jugendpolitik. Aber viele Gemeinden tun sich schwer damit, ihre Regierolle wahrzunehmen; dann ist es erforderlich, dass die Schulen selbst die Initiative ergreifen. Da, wo Dezentralisierung stärker ausgeprägt ist, ist die Wahrnehmung der Regierolle der Gemeinde verbreitete Praxis. Vor allem ist es Aufgabe der Schulträger, in den Niederlanden meistens selbständig und unabhängig von Land und Gemeinde, zusammen mit den anderen Partnern die richtige Verwaltungsform der „brede school"-Akitivitäten zu finden. Die Finanzierung der Aktivitäten im Rahmen der „brede school"-Entwicklungen geschieht aus Mitteln, die vom Ministerium zur Verfügung gestellt werden. Daneben gibt es auch Finanzierungen aus laufenden Programmen der lokalen Bildungspolitik.

Vieles soll noch entwickelt werden

Der Entwicklungsprozess der „brede school“ ist bisher recht offen. Noch wenig ist bisher festgelegt. Wichtig ist jedoch, dass man als Schule und Partner in diesem Prozess sehr gut wissen sollte, in welche Richtung man sich entwickeln und was man erreichen will. Es kann sehr bescheiden anfangen mit einer Zusammenarbeit zwischen Grundschule und Kinderkrippe und sich entwickeln bis zu einer Zusammenarbeit zwischen einer Schule der Sekundarstufe mit Programmen für den verlängerten Schultag und Zusammenarbeit mit Jugendfürsorge, Sozialamt, Polizei, Sportvereinen, Immigrantenvereinen usw.

Die „brede school“ anhand von zwei Beispielen

Beispiel 1: Die Forumschule in Utrecht (Primarunterricht)

In Utrecht werden sich in den nächsten Jahren viele neue, aber auch bestehende Grundschulen zu „Forumschulen“ entwickeln. Die Kommunalverwaltung ist der Meinung, dass Schulen besser funktionieren, wenn es ein gutes Verhältnis mit dem sozialen und kulturellen Leben in der direkten Umgebung der Schule gibt. In Utrecht nennt man die „brede school“ Forumschule. Die Schule ist wie ein Forum, wo verschiedene Partner, die „etwas“ mit Schule zu tun haben, sich treffen. Die Forumschule hat drei Ausgangspunkte: Sicherheit, Qualität und Offenheit. Das wichtigste Ziel der Forumschule ist, dass man eine sichere und vertraute Umgebung realisiert, in der sich die Kinder gut entfalten können. In der Forumschule steht das Kind im Zentrum. Wesentlich ist, dass die Aktivitäten von all denjenigen, die sich in irgendeiner Weise mit der Erziehung der Kinder beschäftigen, gut aufeinander abgestimmt sind. Das erleichtert zum Beispiel den Übergang vom Kindergarten in die Grundschule. Viele Grundschulen in

Utrecht arbeiten schon mit anderen Institutionen auf dem Gebiet des Sozialwesens, Sports und der Kultur zusammen. Aber die Gemeinde will die Zusammenarbeit fest verankern im Konzept der Forumschule. Dabei ist es das Bestreben, die Einrichtungen, die mit der Forumschule zusammenarbeiten, so gut wie möglich an einer Stelle zu konzentrieren; möglichst in einem Gebäude, in der direkten Umgebung der Schule. So wird jetzt daran gearbeitet, die Kinderkrippen auch in den bestehenden Gebäuden der Grundschulen unterzubringen. Das Wichtigste ist aber nicht, dass man zusammen in einem Gebäude die Aktivitäten organisiert. Es geht vor allem um die intensive Zusammenarbeit zwischen den verschiedenen Partnern aus der direkten Umgebung. Die Qualität der Zusammenarbeit ist einer der wichtigsten Pfeiler des Konzepts der Forumschule in Utrecht. Die Forumschule ist, kurz zusammengefasst, eine multifunktionale Kombination von Einrichtungen für Unterricht, Sozialwesen, Sport und Kultur für Kinder von 1 bis 12 Jahren.

Schule als „Marktplatz“

Das Forum soll auch ein „Marktplatz“ sein, auf dem sich der gesellschaftliche Auftrag der Schule und das Angebot der Einrichtungen treffen, mit dem Kind als wichtigstem „Kunden“. Für die Kinder von 1 bis 4 Jahren gibt es die Kinderkrippe und den Kindergarten. Kinder, die die Grundschule besuchen, können dort den ganzen Tag anwesend sein, von morgens 8 Uhr bis abends 18.00 Uhr. Nach der Unterrichtszeit werden verschiedene Aktivitäten angeboten im Rahmen der außerschulischen Betreuung. Professionals sind verantwortlich für die inhaltliche Qualität des Angebots. Das sind also nicht mehr die Grundschullehrer. Zum einen partizipieren die Eltern von diesen Programmen und zum anderen wird an ihre pädagogische Verantwortung appelliert.

Beispiel 2: Das Niels Stensen College in Utrecht (Sekundarunterricht)

Das Niels Stensen College war bis vor einigen Jahren eine sehr erfolgreiche, innovative Schule für Mavo / Havo / Vwo[1]. Durch den großen Zulauf von allochthonen Schülern gibt es jetzt aber viele Probleme. Es gibt Probleme mit der Sicherheit in der Schule und mit der Motivation der Schüler, zudem stellte sich heraus, dass die Eltern wenig an der Schule interessiert waren. Mit einem neuen Schulleiter kam auch ein neues Schulkonzept. Es sollten Wege gesucht werden, eine bessere Antwort auf die Problematik zu finden. Das Niels Stensen College entwickelt sich nun zu einer „brede school". Das gab der Schule einen neuen Impuls. Die Schule sieht das Wesentliche der „brede school" darin, dass man nicht nur während der Unterrichtsstunden lernt, sondern auch in der Zeit danach, also während vieler anderer Aktivitäten (Sport, Kunst und Kultur, Hobby, Diskussionen und Gespräche). Es entwickelte sich eine Interaktion im weitesten Sinne des Wortes zwischen denjenigen, die an Schule beteiligt sind. Damit meint man auch, dass die Schule auch da ist für die Schüler von morgen, also die Schüler, die jetzt die Grundschule besuchen, und für die Schüler von gestern, also die künftigen oder heutigen Eltern. Leitendes Prinzip für das Niels Stensen College ist dabei, dass die Schule das Instrument par excellence ist für die Emanzipation der Menschen.

Im Schuljahr 1999/2000 wurden schon einige Elemente des „brede school"-Konzeptes realisiert. Für die Schüler der ersten und zweiten Klassen wurde der verlängerte Schultag eingeführt. In der ersten Klasse hat man „Kerngruppen-Unterricht" organisiert. Die Lehrer unterrichten mehrere Fächer (was in den Niederlanden nicht gebräuchlich ist) in derselben Klasse und so wird erreicht, dass die Schüler besser begleitet

[1] Mavo, Havo, Vwo sind verschiedene Formen des Sekundarunterrichts (Sekundarstufe) in den Niederlanden.

werden und sich wohler fühlen. Wenn das Resultat positiv ist, soll das auch für die zweiten Klassen eingeführt werden. Nachmittags bleiben die Schüler dann in der Schule und haben verschiedene Programme:

- Ein „Wohnzimmerprogramm“: dabei trinken sie erst mit ihrem Lehrer nach der letzten Unterrichtsstunde, also um zwei Uhr nachmittags, eine Tasse Tee, sehen ein wenig Fernsehen oder spielen ein Gesellschaftsspiel.
- Danach machen sie zusammen ihre Hausaufgaben unter Aufsicht eines Lehrers.
- Der Tag wird dann beendet mit allerhand anderen Aktivitäten wie Sport, Basteln, Photo- oder Videoklub u. Ä. Gegen 17.30 Uhr gehen die Schüler nach Hause.

Im Niels Stensen College hat man eingesehen, wie wichtig es bei dem Konzept der „brede school“ ist, dass die Zielgruppe selbst eine wichtige Rolle spielt und sich mit verantwortlich fühlt. Angebot und Nachfrage müssen zueinander passen und das kann man nur erreichen, wenn man gut weiß, was die Schüler und die Eltern von der Schule erwarten. Ihre Partizipation bei der weiteren Entwicklung des Konzeptes ist also erforderlich. Die Schüler sind in vielen Gremien vertreten und spielen eine wichtige Rolle bei der Arbeit am Schulplan. Auch versucht man sehr energisch die Eltern zu interessieren. Nur so gelingt es eine Schule zu entwickeln, die auch wirklich eine Schule für die Schüler und deren Eltern ist.

Abschließend sei noch auf die Zusammenarbeit mit Einrichtungen im Stadtviertel hingewiesen. Eine „Stadtviertelregiegruppe“ koordiniert alle Aktivitäten und ist auch zuständig für die Subventionen. Die Aktivitäten werden von der Gemeinde mit finanziert im Rahmen eines Projektes für „Teener-Betreuung“. In der Zukunft wird das Programm natürlich erweitert, aber zunächst will man sehen, welche Bedürfnisse die Schüler haben.

Zum Schluss

Es sollte verdeutlicht werden, wie die veränderten Bedingungen des Aufwachsens von Kindern und Jugendlichen eine Erweiterung der Aufgaben der Schulen in Bereiche hinein notwendig gemacht haben, die bisher als „außerschulisch“ galten. Die „brede school“ besteht nicht. Es gibt eine große Variation mit verschiedenen „Breitenmaßen“. Ein einheitliches Konzept gibt es nicht und wird es wahrscheinlich auch nie geben, weil jede Schule die Spezifik ihrer Umgebung antizipiert. Man könnte sagen, dass es eine schmale „brede school“ gibt und eine breite „brede school“, wie merkwürdig sich das auch anhört. Bei der „schmalen“ Variante handelt es sich hauptsächlich um eine, die der Verbesserung der Lernresultate der Schüler dient. Schüler mit Lernrückständen werden auf ein höheres Leistungsniveau gebracht, indem sie auch in ihrer Freizeit durch die Schule begleitet werden. In der „breiten“ Variante werden die Lernresultate zwar nicht unterschätzt, aber es geht dann viel mehr darum, dass zusammen mit anderen Partnern an der sozial-emotionalen Entwicklung der Kinder und Jugendlichen gearbeitet wird. Das ist Teil der Sorge für die ganze Persönlichkeitsentwicklung des Schülers. Oft wachsen die Schüler in sehr schwierigen Umständen auf, in unvollständigen Familien, unter schlechten Wohnbedingungen, mit ungünstigen Möglichkeiten für die Erledigung von Hausaufgaben. Die Schule kann das nicht mehr allein bewältigen, aber sie kann sich sehr gut entwickeln zum Mittelpunkt eines Netzes, in dem viele Partner aus der direkten Umgebung der Kinder und Jugendlichen die Schule unterstützen. Auf der Basis einer sozial-pädagogischen Perspektive arbeitet man in der breiten Variante der „brede school“ daran, die Optimierung des Lernprozesses in einen Prozess einzubetten, der sich auf die optimale Integration der Jugendlichen in unserer Gesellschaft richtet.

WOLFGANG MITTER

Schulen in Europa zwischen Chancen und Grenzen

Was seit Beginn der 1990er-Jahre in der Entwicklung der Bildungssysteme in Europa zu beobachten ist, ist die Radikalität der Veränderungen, in deren Mehrschichtigkeit und Komplexität die nationalstaatlichen Schulsysteme und mit ihnen die einzelnen Schulen einbezogen sind. Diese Veränderungen sollen durch die drei folgenden Trendbeschreibungen umrissen werden.

1. Der Zusammenbruch der Sowjetunion und die „sanften Revolutionen" im östlichen Mitteleuropa haben den „Eisernen Vorhang" verschwinden lassen und die Frage nach den substanziellen Merkmalen Europas und damit auch seiner Schulen neu gestellt. Für die Schulen der mittel- und auch der südosteuropäischen Staaten bedeutet dieser Wandel, grob vermerkt, eine „Rückkehr nach Europa" im Hinblick auf das vorkommunistische „Erbe" und die zu gestaltende Zukunft[1]. Dabei zeigen jüngste Erfahrungen, dass die „Ära der sozialistischen Schule" mit ihren Eigentümlichkeiten ebenso wenig zu überspringen ist, wie dies Deutschland in bezug auf seine beiden totalitären Einbrüche hat erfahren müssen. In den jeweiligen Auseinandersetzungen mit der unmittelbaren Vergangenheit entfaltet sich ebenso wie in dem Rückgriff auf „vorkommunistische" Traditionen eine Renaissance nationalstaatlich geprägter Bildungskonzeptionen, die sich in gesetzlichen und administrativen Dokumenten sowie in der Schulpraxis niederschlägt. Die Besonderheiten verbinden sich überdies mit dif-

[1] Vgl. Rupnik, Jacques und Moisi, Dominique: 1989 in historischer Perspektive. Geschichte als Schlüssel zur Gegenwart. In: Transit (1991)2, S. 5–15.

ferenzierten Orientierungen an „westlichen Vorbildern“ nationaler (hauptsächlich amerikanischer, britischer und schwedischer, teilweise auch deutscher Herkunft) und internationaler Wertigkeit. Für den vergleichenden Erziehungswissenschaftler ergibt sich daraus die Notwendigkeit, in seinen Untersuchungen der Pluralität des Transformationsprozesses in Mittel- und Osteuropa zentrales Gewicht beizumessen.

2. In Westeuropa haben die bereits in den vergangenen Jahrzehnten erfolgten Anläufe zur Annäherung der Schulsysteme an die Bestimmungen im Vertrag von Maastricht (1992) geführt, in denen erstmals der Beitrag der Europäischen Union „zur Entwicklung einer qualitativ hochstehenden Bildung“ postuliert wird; er soll neben der beruflichen Bildung, in welche die Hochschulbildung eingeschlossen ist, auch die Schulen der allgemeinen Bildung umgreifen (Art. 126 und 127). Auch wenn die legislativen und erst recht die exekutiven Kompetenzen der Europäischen Union, soweit direkte Eingriffe in die nationalstaatlichen Schulsysteme angesprochen sind, durch das Prinzip der „Subsidiarität“ eng begrenzt werden, ist mit dem Vertrag von Maastricht der formelle Anfang einer „europäischen Bildungspolitik“ gemacht. Dazu leisten die unmittelbaren Aktivitäten, die in Gestalt von Förderprogrammen und Innovationsprojekten von Brüssel ausgehen, einen zukunftsweisenden Beitrag, zumal sie die Schulen nicht nur in den Staaten der Europäischen Union, sondern auch in denen Mittel-, Ost- und Südosteuropas mehr oder weniger stark erreichen. Der curriculare Aktionsradius solcher Projekte ist weit; er umfasst den Fremdsprachenunterricht, die interkulturelle Bildung, die berufliche Bildung, die Hochschulbildung und mit dieser auch die Lehrerbildung. Im weiteren Zusammenhang dieses transnationalen Trends gebührt auch den Aktivitäten des Europarats sowie denen der OECD und der UNESCO besondere Aufmerksamkeit, auch wenn diese internationale Organisationen nicht auf Europa beschränkt sind. Die Aktivitäten des Europarats sind insofern beachtenswert, als sie unter

Anknüpfung an bereits längst vor der „Wende“ geknüpfte Beziehungen das „größere Europa“ unmittelbar erfassen[2]. Die OECD ist demgegenüber vor allem durch ihre Reviews aktiv geworden, deren Ergebnisse in den untersuchten Staaten West- und in jüngster Zeit auch Mitteleuropas ernst zu nehmen sind und in zunehmendem Maße auch in Deutschland beachtet werden.

3. Die strukturellen, curricularen und pädagogischen Initiativen, die über die im Vertrag von Maastricht artikulierte „Europäische Dimension“ hinausweisen, schlagen die Brücke von der „Europäisierung“ zur „Globalisierung“ der Schulen. Während mit der Anwendung dieses Begriffs auf Trends im Bildungswesen primär die Auswirkungen gegenwärtiger ökonomischer, sozialer und politischer Natur erfasst werden, betont der konkurrierende Begriff „Universalisierung“ die historische Verankerung sowie die kulturelle Komponente, die sich in ihm äußern[3]. Der Begriff „Globalisierung“ ist zwar in Gefahr, zu einem Schlagwort abgenutzt zu werden, was seine mehrdimensionale Bedeutung und Wertigkeit, die sich mit der des Begriffs „Universalisierung“ verbindet, allerdings nicht in Frage stellt. Dass Schulen in der ganzen Welt von diesem Trend erfasst sind, ergibt sich aus dem wachsenden Gewicht des organisierten und systematisierten Lernens, des „Treasure within“ (des verborgenen Reichtums), wie der Titel des 1996

[2] Vgl. Vorbeck, Michael: Bildungsforschung und besonders Vergleichende Erziehungswissenschaft in Europa – für Europa. In: Kodron, Christoph, von Kopp, Botho, Lauterbach, Uwe, Schäfer, Ulrich und Schmidt, Gerlind (Hrsg.): Vergleichende Erziehungswissenschaft. Herausforderung – Vermittlung – Praxis. Festschrift für Wolfgang Mitter zum 70. Geburtstag. Köln / Weimar / Wien 1997, S. 282–297.

[3] Vgl. Adick, Christel: Die Universalisierung der modernen Schule. Eine theoretische Problemskizze zur Erklärung der weltweiten Verbreitung der Schule in den letzten 200 Jahren mit Fallstudien aus Westafrika. Paderborn 1992.

veröffentlichten UNESCO-Berichts treffend lautet[4]. Abgesehen von den allgemeinen strukturellen, curricularen und pädagogischen Herausforderungen, welche die Globalisierung an die Schulen und deren Träger stellt, sei hervorgehoben, dass einerseits in Bezug auf analoge Entwicklungen und Aktivitäten weite Entfernungen binnen- und transkontinentaler Reichweite relativiert werden. Es gibt aus dieser Sicht bereits heutzutage Schulen, die über die Welt verstreut sind und sich zum Beispiel hinsichtlich ihres Unterrichts und ihres Leistungsniveaus in naturwissenschaftlichen und technologischen Disziplinen dennoch sehr nahe stehen, sei dies in den Vereinigten Staaten, in Indien oder in Südafrika. Besonders gelten weltweite Annäherungen der Standards für den Hochschulbereich sowie für die universitäre und außeruniversitäre Forschung, in denen Höchstleistungen erzielt werden. Demgegenüber beobachten wir generell ein stetes Anwachsen des education gap (Bildungskluft) zwischen den Schulen in „reichen“ und „armen“ Staaten auf der ganzen Welt und innerhalb einzelner Weltregionen[5]; auch Europa ist von diesem Trend nicht frei. Schließlich muss in diesem Zusammenhang an solche Disparitäten auch innerhalb nationaler Grenzen gedacht werden.

Herausforderungen an die Schulen

Die Herausforderungen, mit denen die Schulen in Europa konfrontiert sind, möchte ich auf die Bewältigung grundlegender Spannungen konzentrieren. Diese sind durch ein Netz-

---

[4] Lernfähigkeit: Unser verborgener Reichtum. UNESCO-Bericht zur Bildung für das 21.Jahrhundert. Deutsche Ausgabe, hrsg. von der Deutschen UNESCO-Kommission, Neuwied: Luchterhand 1997.

[5] Vgl. Husen, Torsten: The „Education Gap“. In: Kodron, Christoph, von Kopp, Botho, Lauterbach, Uwe, Schäfer, Ulrich und Schmidt, Gerlind (Hrsg.): Vergleichende Erziehungswissenschaft. Herausforderung – Vermittlung – Praxis. Festschrift für Wolfgang Mitter zum 70. Geburtstag. Koln / Weimar / Wien 1997, S. 329–343.

werk von Wechselbeziehungen bestimmt, und die Herausforderungen selbst sind sowohl permanent als auch Änderungen unterworfen, was Pädagogen, Politiker und die Zivilgesellschaft zu unermüdlichen Anstrengungen in der Identifizierung von Problemen und in der Konzipierung praxisbezogener Strategien zwingt.

Diese grundlegenden Spannungen beziehen sich im ersten Ansatz auf die Schulen als organisierte und verwaltete Institutionen, nämlich unter den Fragestellungen

- Autonomie versus Steuerung,
- Markt versus Demokratie,
- nationale Kohärenz versus kulturelle Pluralität,
- Einzelstaat versus Europa.

Im zweiten Ansatz geht es demgegenüber um die Bewältigung der Spannung, der die Schule als Lernort ausgesetzt ist, nämlich

- Rationalität versus Subjektivität
  (dieses Begriffspaar entnehme ich den modernitätstheoretischen Reflexionen des französischen Soziologen ALAIN TOURAINE)[6].

Schule als organisierte und verwaltete Institution

Schulen zwischen *Autonomie* und Steuerung

In allen europäischen Staaten wird die Frage der Schulautonomie lebhaft diskutiert; die Wirkungen dieser Diskussion werden in bildungspolitischen Initiativen und praktizierten Modellen sichtbar. Die Motive dieses Trends sind vielschichtig und lassen sich mit den folgenden Argumentationsfeldern umreißen, mit denen im gegenwärtigen Europa die Plädoyers für Schulautonomie schwerpunktmäßig begründet werden.

---

[6] Vgl. Touraine, Alain: Critique de la modernité. Paris: 1992. (Alain Touraine ist Direktor des Centre d'Analyse et d'Intervention Sociologique, Paris.)

Das Scheitern der mit hohen Erwartungen initiierten großen Reformen der 1960er- und 1970er-Jahre hat allenthalben zu einer Ernüchterung hinsichtlich der Möglichkeiten gesamtstaatlicher Steuerung in der Bildungspolitik geführt und die Suche nach Modellen sowie nach in der Wirklichkeit auffindbaren Erfahrungen ausgelöst, welche Chancen für Innovationen „unterhalb der staatlichen Steuerung“ aufzeigen.

Enttäuschungen über dieses Scheitern, verstärkt durch Zweifel an der Effektivität von Makro-Steuerungen im gesamten Gesellschaftssystem, haben sich mit der „Wiederentdeckung“ übernationaler reformpädagogischer Theorien und ihrer Umsetzung in die Praxis verbunden.

Der Wechsel in der Prioritätensetzung bei der Zielbestimmung von Bildungspolitik und Pädagogik von der Gleichheit der Bildungschancen zur Qualitätssicherung verbindet sich mit der Erwartung, dass dieses Ziel auf einer autonomen Mikroebene besser zu erreichen sei als durch Makrosteuerung.

Gewachsen ist die Vorstellung, dass Schulautonomie ein Instrument ist, welches Lehrer, Schüler und Eltern gegen Willkür überall dort schützt, wo Aufsicht und Kontrolle überhand zu nehmen drohen.

Im westlichen Europa wird die Debatte über Schulautonomie ausdrücklich seit zwei Jahrzehnten geführt; ihre Inhalte und Auswirkungen auf die Praxis haben in den vergangenen Jahren zu einer geradezu überbordenden Fülle an substanziellen und akzidentiellen Veröffentlichungen unterschiedlicher Art und Qualität geführt. In den Staaten Mittel- und teilweise auch Osteuropas wird diese Debatte sogar intensiver geführt, was nach dem Ende der rigiden zentralstaatlichen Steuerungen kommunistischer Prägung nicht verwunderlich ist.

Jüngere Erfahrungen zeigen freilich auch, dass weder die nationale noch die regionale Schulpolltik und Schulverwaltung aus ihrer Verantwortung für eine nach wie vor notwendige zentralstaatliche Steuerung entlassen werden dürfen, damit die gesamtgesellschaftliche Kompetenz für die Herstellung und Bewahrung eines Gleichgewichts zwischen Gleichheit der Bildungschancen und Qualitätssicherung wahrgenommen werden kann. Überdies bedarf es auch der Regelungen in Bezug auf die Kompetenzabgrenzung im Wettstreit der Autonomie-Komponenten. In manchen Autonomiekonzeptionen wird nämlich nicht klar, ob die einzelne Schule oder die einzelne Gemeinde, in der sich die Schule befindet, angesprochen ist. Innerhalb der einzelnen Schulen wiederum lässt sich ein Wettstreit um Autonomie zwischen Schulleitung, Lehrerkollegium und dem einzelnen Lehrer beobachten. Wenn man darüber hinaus die Gemeinde in die Strukturanalyse einschliesst, stellt sich die weitere Frage, wieweit es hierbei nur um Eltern- oder auch um Bürgermitbestimmung geht. Schließlich wird in der themenbezogenen Darstellung und Diskussion häufig dem Schüler nicht die Beachtung geschenkt, welche ihm in der Mitbestimmung zukommt.[7] Empirische Befunde zeigen, dass sich beim Streit um „autonome Positionen" jeweils im konkreten Fall die eine oder andere Gruppe diskriminiert fühlt und sich entsprechenden „Autonomiebestrebungen" entgegenstemmt, was letztlich allen Beteiligten abträglich ist und das „Ethos" der Schule schädigt.

Schulen zwischen Markt und Demokratie

Die weltweiten Trends, die Ansätze und Initiativen zu marktorientierten Bildungsreformen haben auch Europa erfasst. Schwerpunkte sind zu identifizieren in gesetzlichen und administrativen Maßnahmen zur freien Schulwahl durch Eltern und Schüler, zur Förderung privater Bildungseinrichtungen und zum – unter dem Stichwort „Autonomie" soeben erwähnten – Rückzug des Staates aus seiner Steuerungsfunktion

[7] Vgl. Richter, Ingo: Theorien der Schulautonomie. Hellmut Becker zum Gedächtnis. In: Recht der Jugend und des Bildungswesens, 42 (1 994) 1, S. 5–16.

im kleineren oder größeren Umfang[8]. Die Wortführer dieser Bewegung wie ebenso die meisten der entsprechenden bildungspolitischen Strategien sind in den Vereinigten Staaten beheimatet. In Europa hat Großbritannien die „Vorreiterrolle" übernommen; der Trend einer marktgesteuerten Bildungspolitik wurde dort durch MARGARET THATCHERS Bildungspolitik ausgelöst und wird prinzipiell von der Regierung des New Labour fortgeführt.

Unter Hinweis auf jüngste Erfahrungen, beispielsweise aus Großbritannien, wird gegen eine neo-liberal bestimmte „Marktorientierung" der Schule und gegen einen *Bildungsmarkt* grundsätzlich argumentiert, dass der Markt in der Gegenwart, vor allem aufgrund seiner wachsenden internationalen Vernetzungen, einer wirksamen demokratischen Steuerung und Kontrolle entbehre und eine rein „marktorientierte" Bildungspolitik die Gefahr in sich berge, die in den vergangenen Jahrzehnten erzielten Erfolge bei der Demokratisierung der Entscheidungsprozesse zumindest zu schmälern, wenn nicht sogar auszulöschen. Gegenkräfte gegen eine Entdemokratisierung, die von einer rein marktorientierten und parlamentarisch nicht kontrollierten Bildungspolitik für das Bildungswesen befürchtet wird, sind nicht nur bei den Trägem der staatlichen Gewalten, sondern – mehr noch – bei den Sprechern einer sich artikulierenden Zivilgesellschaft zu identifizieren.

Schulen zwischen den Ansprüchen nationaler *Kohärenz* und kultureller Pluralität

Das Bildungswesen ist notwendigerweise in Konflikte verwickelt, wenn die Normen und Wertesysteme des Staates mit denen seiner „Minderheiten" (oder herrschaftsfernen

---

[8] Vgl. Mitter, Wolfgang: Staat und Markt im internationalen Bildungswesen aus historisch-vergleichender Sicht – Gegner, Konkurrenten, Partner? In: Zeitschrift für Pädagogik, 35. Beiheft. Weinheim und Basel 1996, S. 125–142.

Gruppen)[9] nicht übereinstimmen und aufeinanderstoßen. Betroffen von solchen Konflikten sind sowohl Erwartungshaltungen bei Schülern, Eltern, Lehrern und der „pädagogischen Öffentlichkeit“ sowie Ziele, Inhalte, Unterrichtsmethoden und Erziehungsstile im Bildungswesen selbst. Ihre Auswirkungen erreichen unmittelbar die Alltagspraxis der Schulen insofern, als sie Einstellungen und Verhaltensweisen von Schülern und Lehrern berühren. Brennpunkt des Konfliktes ist die „politische Erziehung“ (im weitesten Wortsinn).

Die verschiedenartigen und keineswegs harmonisierbaren Manifestationen von Konflikten lassen sich dem Begriff „nationale Kohärenz“ zuordnen. Er artikuliert die politische Komponente des Begriffs „Identität“ und betont die Stärke des Engagements, das „Staatsbürger“ in gegebenen Situationen entfalten und das der Staat von ihnen erwartet. Daraus resultieren für das Bildungswesen Ansprüche einer „staatsbürgerlichen Bildung“ im weitesten Wortsinn und deren Beitrag zur Konfliktlösung. Demgegenüber stehen die Ansprüche „kultureller Pluralität“, wobei zu betonen ist, dass „Kultur“ ein mehrdimensionaler Begriff ist, unter dessen differenzierenden Kriterien nicht nur die heutzutage besonders artikulierte „Ethnizität“, sondern auch die konkurrierenden Kriterien der Sozialschicht, der Altersgruppe, des Bildungsniveaus und des politischen Status hervorzuheben sind[10]. Die Aktualität der „Ethnizität“ als kulturelles Kriterium beruht auf der historischen Tatsache, dass die Auseinandersetzung des Natio-

[9] Der juristisch und politisch definierte Begriff „Minderheit“ spiegelt häufig die Realität nicht wider, weil er die Tatsache verbirgt, dass die Gesamtheit von „Minderheiten“ die „Mehrheit“ an Zahl übertreffen kann. Daher gebe ich dem Begriff „herrschaftsferne Gruppen“ (nondominant groups) den Vorzug. Insbesondere im Bildungswesen ist die Verwendung von „Minderheit“ in Fällen nicht sinnvoll, in denen die Population einer Schule oder Klasse sich mehrheitlich aus Kindern zusammensetzt, die aus „herrschaftsfernen Gruppen“ kommen. Vgl. Mitter, Wolfgang: Das Bildungswesen im Loyalitätskonflikt in historisch-vergleichender Sicht. In: Bildung und Erziehung, 46 (1993), S. 375–391.

[10] Vgl. Mitter, Wolfgang, ebd., S. 376.

nalstaates mit seinen „Minderheiten“ besonders auffällige Probleme aufwirft. Im Kontext dieses Beitrages wird der Begriff Minderheit in seiner umfassenden Bedeutung verstanden, indem er nämlich nicht nur „einheimische“ Minderheiten, sondern auch „moderne“ Formen von Herrschaftsferne umgreift, nämlich Einwanderer, Migranten und Flüchtlinge, die mit den Angehörigen der „Staatsnation“ in einem politisch-rechtlich begründeten Gemeinwesen zusammenleben.

Schulen zwischen Nationalstaat und Europa

Diese Spannung bedarf an dieser Stelle keiner eingehenden Erläuterung. Die Frage selbst beruht auf der eingangs umrissenen Entwicklung der Europäischen Union zu einer auch bildungspolitisch initiativ werdenden Institution und deren Einfluss auf das übrige Europa, wobei die Aktivitäten des Europarats und der OECD sowie auch der UNESCO, wie schon erwähnt, zusätzliche Wirksamkeit entfalten. Der Prozess der „Europäisierung“ wird von gegenläufigen Bestrebungen einer „Regionalisierung“ begleitet, die sich, wie in Deutschland, mit traditionellem Föderalismus verbinden, Motiven einer ethnischen Differenzierung, wie in Spanien, entspringen oder ökonomischen Impulsen gehorchen, wie das Beispiel der grenzüberschreitenden „Euro-Regionen“ zeigt. Ansätze zu solchen „regionalen Verbindungen“ sind übrigens auch in Mitteleuropa zu erkennen, wovon sich anbahnende Schulkooperationen zwischen österreichischen und ungarischen Grenzregionen ebenso zeugen wie zwischen deutschen und polnischen. Gerade der Vertrag von Maastricht hat indes bekräftigt, dass die Dominanz nationalstaatlicher *Kompetenzen* in den Schulen noch lange nicht zu Ende ist, zumal sie durch Einstellungen und Wünsche innerhalb der „nationalen“ Zivilgesellschaften unterstützt wird.

Das Fazit aus diesen institutionsbezogenen Trendbeschreibungen lautet, dass Schulen in Europa fähig und gewillt sein müssen, mit den hier umrissenen Spannungen fertig zu werden.

Einseitige Festlegungen sind stets einer zukunftsgerichteten Entwicklung der Schulen und dem Wirken der in ihnen Lernenden und Lehrenden abträglich. Beispielsweise werden „autonome“ Schulen, welche sich staatlicher Steuerung widersetzen, ihrem Bildungs- und Erziehungsauftrag ebenso wenig gerecht wie „demokratische“ Schulen, die sich in dogmatischer Sichtweise gegen die Gebote der „Marktsteuerung“ sträuben. Schließlich wäre die in diesem Beitrag geübte repräsentative Konzentration auf vier grundlegende Spannungen unvollständig, wenn nicht zugleich betont würde, dass die einzelnen Spannungspaare ihrerseits durch vielfältige Wechselbeziehungen untereinander verflochten sind.

Schule als Lernort

Meine folgende Aufmerksamkeit richtet sich, wie angekündigt, auf die Schule als Lernort. Mit den Begriffen „Rationalität“ und „Subjektivität“ hat ALAIN TOURAINE in seinen modernitätstheoretischen Überlegungen zwei Funktionen definiert, die er auf gesamtgesellschaftliche Prozesse bezieht [11]. Sie lassen sich aber auch auf die Zielbestimmungen schulischen Lernens (und Lehrens) voll anwenden, worauf JUAN CARLOS TEDESCO aufmerksam gemacht hat [12]. Zwischen beiden Funktionen besteht ein grundlegendes Spannungsverhältnis, das sich in der schulischen Praxis als Wettstreit äußert. Diese Spannung begleitet die Geschichte der modernen Schule seit ihrem Beginn, nur wurde sie bis an die Schwelle der Gegenwart nicht manifest, weil die „Rationalität“ in der Schulpolitik und Schulpraxis sichtbar dominierte. Mit diesem Begriff ist die Funktion der Schule bezeichnet, die darin besteht, dass in ihr Wissen, kognitive Fähigkeiten und praktische Fertigkeiten

[11] Vgl. Touraine, Alain, a. a. O. (s. Anm. 6).

[12] Vgl. Tedesco, Juan Carlos: The New Educational Pact. Education, Competitiveness and Citizenship in Modern Society. Geneve: International Bureau of Education 1997, S. 68–81.

vermittelt werden, deren Erwerb dem Schulabsolventen den Eintritt in ein Hochschulstudium oder direkt in das Beschäftigungssystem ermöglicht. In der Wahrnehmung dieser Funktion dient die Schule primär der Produktion ökonomisch verwertbaren Wissens und ihrer Anpassung an den Bedarf des Beschäftigungssystems an qualifiziertem Nachwuchs.

Mit „Subjektivität" identifiziert demgegenüber TEDESCO, in Anlehnung an TOURAINE, die Funktion, welche die Schule als Stätte der Persönlichkeitsbildung und Sozialisation erfüllt. Auch in der Vergangenheit war der Schule diese Funktion nicht fremd, denn nicht nur der absolutistische, sondern auch der demokratische Staat benötigten stets, wenn auch unter diametraler Zielsetzung, eine Institution, unter deren Aufgaben die Heranbildung loyaler Untertanen bzw. Staatsbürger einen wichtigen Platz einnahm[13]. Dass die „Subjektivität" bis an die Schwelle der Gegenwart im Schatten der „Rationalität" gestanden habe, beruhe, so TEDESCO in seiner plausiblen Darlegung, darauf, dass sich die Schule in der Wahrnehmung dieser Funktion in den Prozess der Vermittlung eines Wertekanons einreihen konnte, die in der Familie grundgelegt und durch die die Schulbildung begleitenden sozialisatorischen Institutionen, vor allem die Kirchen, unterstützt wurde. Die Schule habe sich somit in bezug auf die Akzeptanz der zu vermittelnden Werte im Konsens mit den Institutionen der sie umgebenden Gesellschaft befunden. In der gegenwärtigen Periode wachsender Wertedissonanzen und einer in der Gesellschaft weit verbreiteten Indifferenz gegenüber einer toleranten Lösung der aus ihnen resultierenden Konflikts sehe sie sich allerdings in ihrer Aufgabe als Vermittlerin von Werten häufig allein gelassen. Sie fühlt sich – dies sei in diesem Zusammenhang hinzugefügt – einerseits von den Eltern ihrer

---

[13] Vgl. Mitter Wolfgang: Europas Bildungswesen zwischen Einheit und Vielfalt im Spiegel revolutionärer Wandlungen. In: Liedtke, Max: Hausaufgabe Europa. Schule zwischen Regionalismus und Internationalismus. Bad Heilbrunn 1993, S. 212–230.

Schüler bedrängt; andererseits wird sie von der Öffentlichkeit, insbesondere von Politikern und Wirtschaftsvertretern, zum „Sündenbock“ für Defizite gemacht, welche die Gesellschaft in ihrer Gesamtheit zu verantworten hat – und dies in einer Situation, in der ihre Akteure selbst, nämlich die Lehrer, sich mit dieser Aufgabe häufig überfordert fühlen.

Die „Abnehmer“ der Schule in Wirtschaft und Politik nehmen zwar diese Bruchstelle als „Erziehungsdefizit“ der Schule wahr und beklagen es, wirken ihm jedoch in der Praxis durch massive Ansprüche an die „Rationalität“ entgegen, und zwar in deren rein wirtschaftsorientierter Form. So kommt es zu einer einseitigen und verengten Bewertung der an sich unverzichtbaren Produktion von Wissensqualität und kognitiven Leistungen auf Kosten der persönlichkeitsbildenden und sozialisatorischen Funktion. Deren Befürworter reagieren ihrerseits häufig mit der ebenfalls einseitigen These, dass die Schule primär der Förderung von „Zufriedenheit“ bzw. „Wohlbefinden“ ihrer Schüler, effektiven Werten also, verpflichtet sei. Lehrer, welche demgegenüber in ihrer Arbeit Wissensvermittlung und Leistungsforderung als wesentliche Aufgabe ansehen und praktizieren, setzen sich angesichts einer solchen Argumentation leicht dem Verdacht aus, „Leistungsdruck“ auszuüben und obendrein die effektiven und sozialen Ziele schulischer Bildung und Erziehung auf die Vermittlung „sekundärer Tugenden“ zu beschränken, wie Arbeitsbereitschaft, Mobilität und Flexibilität, die Vermittlung menschlicher Grundwerte dagegen zu vernachlässigen oder gar zu negieren.

Beide Positionen missachten, wenn sie exklusiv verstanden werden, die doppelte Funktion der Schule. Zu deren Erfüllung ist diese zwar auf Unterstützung von „außen“ angewiesen, sowohl in bezug auf ihre „Rationalität“ (durch Einrichtungen der außerschulischen Jugendbildung, Medien usw.) als auch auf ihre „Subjektivität“ (durch Familie, Kirche, Zivilgesellschaft). Der Bewältigung der zwischen beiden Funktionen bestehenden Spannung muss sie sich freilich in eigener Verantwortung stellen. Als „Lernort“ muss die Schule sowohl Wissen, Fähigkeiten und Fertigkeiten vermitteln als auch um die Persönlichkeitsbildung und Sozialisation ihrer Schüler und Schülerinnen besorgt sein. Dass sie in der Wahrnehmung dieser doppelten Funktion angesichts der materiellen und geistigen Krise, von welcher die Gesellschaft erfasst ist und die sich sowohl in Perspektivlosigkeit als auch Gewaltbereitschaft unter der heranwachsenden Jugend niederschlägt, besonders großen Belastungen ausgesetzt ist, sei am Ende dieser Überlegungen unterstrichen. Im Sinne der erwähnten „Sündenbock“-Argumentation wäre diese Überlegung überdies unvollständig, wenn nicht die notwendige Hilfe betont würde, auf welche die Schule von Seiten der Außenwelt angewiesen ist.

Operative Zielsetzungen

Welche Wege führen daher zu guten Schulen in Europa? Diese Frage möchte ich am Ende mit der Diskussion folgender operativer Zielsetzungen zu beantworten versuchen:

Erstens: Als Institutionen sollen Schulen autonom sein, soweit sie fähig sind, sich nach innen und nach außen selbst zu gestalten:

Gefragt ist in den Bildungssystemen Europas eine „geförderte Autonomie“, deren Träger von der „Basis“ bis zur politischen „Spitze“ sich der „Entgleisungen“ bewusst sind, von denen ihre „autonomen Schulen“ bedroht sind: Entweder gleiten sie in Chaos und Anarchie ab, welche die Kohärenz der regional oder national strukturierten Gesellschaft schädigt, ohne den Adressaten der „Förderung“ zu Selbstverantwortung und Selbststeuerung zu verhelfen, oder aber die Förderer – Politiker, Administratoren, Sponsoren, Beiräte usw. – werden „ungeduldig“ und suchen den Ausweg in Verordnungen oder anderen Auflagen – in der Illusion, auf diese Weise Fähigkeit und

Bereitschaft zu selbstverantwortlichem Handeln erzwingen zu können[14]. „Geförderte Autonomie" bedarf daher der Behutsamkeit und der Geduld bei Förderern wie Adressaten; dazu gehört das kalkulierte Risiko von Fehlern und Rückschlägen, denen hauptsächlich durch Aufklärung, Rat und unterstützende Aktivitäten zu begegnen ist, und nur im „äußersten Fall" durch Zwangsmaßnahmen eines Autonomieentzugs oder gar einer Schulschließung. Gedeihen kann Autonomie letztlich nur in einer sich entfaltenden und stabilisierenden Schulkultur.

Zweitens: Schulen müssen ihre Funktion der „Rationalität" bewusst und bereitwillig erfüllen und zugleich Stätten sein, die der „Subjektivität" verpflichtet sind:

Dies bedingt die Fähigkeit und den Willen von Lehrern wie auch Schülern, die in den Curricula formulierten Ziele und Inhalte in der Unterrichtspraxis auf einem Niveau umzusetzen, das dem Leistungsvermögen jedes einzelnen Schülers gerecht wird, und zwar in der Spannung zwischen Förderung und Forderung. Verlangt wird „Qualität" in der Aneignung und Verfügbarkeit von Wissen, kognitiven Fähigkeiten und praktischen Fertigkeiten, was die Notwendigkeit von *Leistungsmessung* und Leistungskontrolle in sich schliesst. Gerade an diesem Punkt stellt sich die Frage, wie verhütet werden kann, dass solche Kontrolle einseitig vom Gebot einer wirtschaftsorientierten Selektion bestimmt wird, das heisst unter Missachtung der mit ihr „konkurrierenden" Funktion, Leistung zu fördern und zu motivieren. Die Anerkennung dieser Funktion mündet in die Zielsetzung, dass Schulen auch Stätten sein müssen, die der „Subjektivität" verpflichtet sind. Die Akzeptanz beider Funktionen ist durch das empirisch vielfach nachgewiesene Postulat zu fundieren, dass in einer demokratischen Schulkultur Leistungsbereitschaft und „Wohlbefinden"

---

[14] Vgl. Mitter, Wolfgang: Erziehung, Demokratie und Entwicklung in einer Periode revolutionären Wandels. In: Bildung und Erziehung, 45 (1992)4, S. 481–482.

einander keineswegs ausschließen. Dieses Postulat ist für die Curriculumentwicklung richtungweisend und verbindet sich mit den folgenden Überlegungen zum Inhalt.

Drittens: Die Entwicklung eines „europäischen Kerncurriculums“ stellt die zentrale Frage der inhaltlichen Gestaltung dar: In allen europäischen Ländern werden Curricula heute (noch) von „nationalen Behörden“ bestimmt, die mit dem Recht ausgestattet sind, sie einzuführen, zu revidieren und zurückzuziehen. Die nationalen Curricula sind allerdings in der Regel um grenzüberschreitende „europäische Komponenten“ erweitert, und zwar insofern, als bestimmte Gegenstände und Inhalte in gleichem Maße in vielen europäischen Ländern unterrichtet werden und oftmals sogar universale Reichweite erlangen. Dies ist nicht überraschend, wenn man sich die wissenschaftlichen, technologischen, ökonomischen, sozialen und politischen Entwicklungen vor Augen führt, die alle europäischen Länder gemein haben. Auch darf in diesem Zusammenhang das gemeinsame historische Erbe nicht übersehen werden.

In der Gegenwart verdichtet sich die Diskussion über die Entwicklung einer „europäischen Dimension“ in den Curricula auf die allgemein verbindlichen Kerncurricula, welche die Muttersprache, mindestens eine Fremdsprache, Mathematik sowie die Grundlagen der Natur- und Sozialwissenschaften (einschließlich der Geschichte) und der modernen Informationstechnologien umgreifen und sich mit fachübergreifenden Aktivitäten verbinden. Wachsende Bedeutung kommt auch der Entwicklung der jeweils schul- und qualifikationsspezifisch verbindlichen Curricula (dies betrifft vor allem die berufsbildenden Schulen) und des weiten Bereichs der im Rahmen der Schulautonomie zu wählenden Inhalte zu.

Eingeschlossen in dieses Postulat ist die Einsicht, dass bestimmte Fächer und Inhalte primär eher der Produktion ökonomisch verwertbaren Wissens, andere eher der Persönllchkeitsbildung und Sozialisation zuzuordnen sind, ohne dass die Zuordnung jeweils exklusiv zu sein braucht. Wer wollte beispielsweise behaupten, dass einerseits die Aneignung moderner Kommunikations- und Informationstechnologien nicht auch persönlichkeits- und sozialisationsfördernd, der Umgang mit Literatur und Kunst dagegen beruflicher Qualifizierung und Mobilität abträglich sei? Es besteht kein Zweifel, dass Ganztagsschulen gerade unter diesem Aspekt wichtige Bildungs- und Erziehungseinrichtungen sind.

Diesen Überlegungen sei noch hinzugefügt, dass die Suche nach Chancen eines „europäischen *Kerncurriculums*" zugleich die Grenzen eines solchen Bemühens aufzeigt. Auch diese müssen ernst genommen werden. Andernfalls würden wir in die Gefahr der Vernachlässigung nationaler, ethnischer und kultureller Eigentümlichkeiten unter den betroffenen Völkern laufen. Dies wiederum könnte in Illusionen, Richtungslosigkeit und das Entstehen neuer nationalistischer Abgrenzungen münden.

Viertens: Schulen in Europa haben die Aufgabe, junge Menschen heranzubilden, die als ihre unmittelbaren Absolventen (dies gilt hauptsächlich für berufsbildende Einrichtungen aller Formen) oder nach Abschluss einer (im strengen Wortsinn) „höheren" Bildung berufliche Aufgaben in Wirtschaft, Staat und Zivilgesellschaft zu übernehmen, fähig und willens sind:

Schulen müssen sich zugleich aber auch der sehr schwierigen Herausforderung stellen, ihre Schüler und Schülerinnen auf das Leben als Bürger in einer zunehmend unsicheren Welt vorzubereiten. Dies bedeutet die Abkehr von der herkömmlichen eindimensionalen beruflichen Bildung auf einen Lebensberuf hin sowie die Einübung von Mobilität des Wohnortes und Flexibilität der beruflichen Tätigkeit, welche die Bereitschaft zur Weiterbildung in sich einschließt. Unsicherheit äußert sich auch in Erwerbslosigkeit, die die Lebenswege vieler Menschen belastet – und trotz bereits spürbarer und zunehmender Verknappung von Arbeitskraft zumindest auf Zeit belasten dürfte.

Fünftens: Schulen in Europa sollen sich in ihrer Arbeit und ihren Perspektiven zu „Europäischen Schulen“ entwickeln:

Mit diesem Begriff möchte ich nicht nur die explizit multinational-integrativen Institutionen erfassen, die sich – unter verschiedenen Organisationsformen und Trägerschaften direkt der Förderung des Zusammenlebens junger Menschen in dem sich vereinigenden Europa verpflichten; dieser wachsende Kreis ist vielmehr durch vielfältige Spielarten charakterisiert, in denen Sprachenförderung und die Vermittlung einer „europäischen Geschichte“ einerseits, grenzüberschreitende Begegnungen andererseits praktiziert werden. Im weiteren Sinn sind als „Europäische Schulen“ auch solche Einrichtungen anzuerkennen, die nationalstaatlicher Steuerung und „nationalen Curricula“ unterliegen. Wesentlich ist für sie aber in jedem Fall die praktizierte Orientierung am Ziel einer europäischen Integration, das sich seinerseits dem übergeordneten Ziel der Weltoffenheit nicht verschließt. Die Verwirklichung dieser operativen Zielsetzung verlangt über die curriculare Dimension hinaus vielgestaltige Aktivitäten im erzieherischen und sozialisatorischen Feld: grenzüberschreitenden Austausch von Schülern, Studenten und Lehrern, gemeinsame Veranstaltungen, Projekte und Hilfsaktionen – zusammengefasst: Begegnungen in den Klassenzimmern und Schulen sowie im weiten außerschulischen Umfeld.

Einige Worte seien in diesem Zusammenhang noch zur Sprachenfrage in bezug auf die Rolle der europäischen lingua franca geäußert. Während die lateinische Sprache im Mittelalter eine wichtige Rolle in der Zusammenführung von Menschen aller Länder und Sprachgemeinschaften hatte und ihre Bedeutung an den Universitäten bis weit in das 19. Jahrhundert beibehielt, wurde sie in den Bereichen der Kultur, des Handels, des Gewerbes und der Diplomatie durch das Französische und, in einigen Sektoren, auch durch das Deutsche ersetzt. In dieser Hinsicht hat die Entwicklung und der Fortschritt der englischen Sprache zur weltweiten lingua franca einen erneuten entscheidenden Paradigmenwechsel bewirkt, diesmal im Unterschied zu früheren Perioden für die große Mehrzahl der Bürger, „Europäische Schulen“ können sich diesem Paradigmenwechsel nicht entziehen, sollten aber über das Englische hinaus, wie bereits erwähnt, weitere Fremdsprachen in ihre Curricula aufnehmen. Dieses Desiderat zu äußern, schließt durchaus Überlegungen so genannten gestuften Anspruchsniveaus in der Vermittlung ein.

Sechstens: Die Umsetzung der bisher umrissenen fünf operativen Zielsetzungen in die Bildungspolitik und schulische Praxis verlangt von allen „Schulträgern“ (im weitesten Wortsinn) zum einen harte Arbeit in der Erfüllung gegenwartsbezogener Aufgaben. Zum anderen aber sind Visionen gefordert, die sich an Vorhersagen und Desideraten einer offenen Zukunft in einer humanen Welt ausrichten.

Bei der Artikulation dieser letzten Herausforderung fällt unser Blick zurück auf den bereits erwähnten UNESCO-Bildungsbericht Lernfähigkeit: Unser verborgener Reichtum[15]. Die Verfasser der von der UNESCO eingesetzten Kommission kamen aus verschiedenen Ländern und Kontinenten. Allein schon die heterogene Zusammensetzung ließ sie vom Entwurf bildungspolitischer Strategien und erst recht von Empfehlungen zu deren Umsetzung in die Praxis Abstand nehmen. Demgegenüber enthält der Bericht einerseits zahlreiche, durch statistische Angaben, Tabellen und Schaubilder veranschaulichte Informationen, welche realitätsbezogene Orientierung anbieten, andererseits Gedanken zur „notwendigen Utopie“, die nach Auffassung des Kommissionsvorsitzenden JACQUES DELORS im Entwurf von Bildungsperspektiven nicht fehlen dürfen. Aus dieser Sichtweise eröffnen sich den Schulen Europas vielfältige Chancen, doch werden zugleich die Grenzen sichtbar, die durch individuelle Potenziale sowie

[15] Lernfähigkeit: Unser verborgener Reichtum, a. a. 0., S. 11–26 (s. Anm. 4).

die Bedingungen des natürlichen und soziokulturellen Umfelds bestimmt sind. Zwischen Chancen und Grenzen sind Schulen herausgefordert, junge Menschen auf lebenslanges Lernen vorzubereiten oder, besser, mit ihnen lebenslanges Lernen zu praktizieren.

Grundlagenliteratur – „Aktuelle Schulkonzepte“

ANWEILER, OSKAR u. a.: Bildungssysteme in Europa. Weinheim 1996.

AVENARIUS, HERMANN / HECKEL, HANS: Schulrechtskunde. Neuwied, Kriftel 2000.

AVENARIUS, HERRMANN / BAUMERT, JÜRGEN / DÖBERT, HANS / FÜSSEL, HANS-PETER: Schule in erweiterter Verantwortung. Neuwied, Kriftel 1998.

ARBEITSGRUPPE BILDUNGSBERICHT: Das Bildungswesen in der Bundesrepublik Deutschland. Strukturen und Entwicklungen im Überblick. Reinbek bei Hamburg 1994.

BILDUNGSKOMMISSION NRW: Zukunft der Bildung – Schule der Zukunft. Neuwied u. a. 1995.

BÖNSCH, MANFRED: Praxishandbuch gute Schule. Baltmannsweiler 2000.

CHOTT, PETER O.: Schulkonzepte zum „Lehren des Lernens“: Analysen zur Grundlegung und zur Revision von Lehrplänen. Weiden. 1996.

DÖBERT, HANS / GEIẞLER, GERT (Hrsg.): Schulautonomie in Europa. Baden-Baden 1997.

FAUSER, PETER: Wozu die Schule da ist. Eine Streitschrift. Seelze 1996.

FÜHR, CHRISTOPH: Deutsches Schulwesen seit 1945. Grundzüge und Probleme. Bonn 1996.

FÜHR, CHRISTOPH / FURCK, CARL-LUDWIG (Hrsg.): Handbuch der deutschen Bildungsgeschichte. München 1998.

GONSCHOREK, GERNOT / SCHNEIDER, SUSANNE: Einführung in die Schulpädagogik und die Unterrichtsplanung. Donauwörth 2000.

GÖHLICH, MICHAEL (Hrsg.): Offener Unterricht, Community education, Alternativpädagogik, Reggiopädagogik: die neuen Reformpädagogiken; Geschichte, Konzeption, Praxis. Weinheim, Basel 1997.

HAARMANN, DIETER (Hrsg.): Handbuch elementare Schulpädagogik: Handlungsfelder institutionalisierter Grund- und Allgemeinbildung in den Klassen 1 bis 10. Weinheim, Basel 1997.

HINTZ, DIETER / PÖPPEL, KARL GERHARD / REKUS, JÜRGEN: Neues schulpädagogisches Wörterbuch. Weinheim und München 1993.

JÜRGENS, EIKO: Die Grundschule: Zeitströmungen und aktuelle Entwicklungen. Baltmannsweiler 1997.

KAHLERT, JOACHIM (Hrsg.): Grundschule – sich Lernen leisten: Theorie und Praxis. Neuwied, Kriftel 2000.

LENHART, VOLKER / MARSCHELKE, EKKEHARD (Hrsg.): Einführung in die Schulpädagogik. Rheinstetten 1976.

LIKET, THEO M.E.: Freiheit und Verantwortung. Das niederländische Modell des Bildungswesens. Gütersloh 1993.

ROLFF, HANS-GÜNTER: Wandel durch Selbstorganisation. Theoretische Grundlagen und praktische Hinweise für eine bessere Schule. Weinheim, München 1993.

SEIBERT, NORBERT (Hrsg.): Problemfelder der Schulpädagogik. Bad Heilbrunn 2000.

SEIBERT, NORBERT (Hrsg.): Anspruch Schulkultur: interdisziplinäre Darstellung eines neuzeitlichen schulpädagogischen Begriffs. Bad Heilbrunn 1997.

STEFFENS, ULRICH / BARGEL, TINO: Erkundungen zur Qualität von Schule. Neuwied 1993.

Sachwortverzeichnis

Autoren

BÖTTCHER, JENS-UWE, Dr. iur. (Bonn); LL.M. (UBC), Rechtsanwalt.

CZERWANSKI, ANNETTE, Dr.; Projektleiterin im Bereich „Staat und Verwaltung“ der Bertelsmann Stiftung, Gütersloh und dort verantwortlich für das „Netzwerk innovativer Schulen in Deutschland“.

DUISMANN, GERHARD H., Dr.; Prof. für Erziehungswissenschaften mit dem Schwerpunkt Technikdidaktik an der Universität Hamburg, Mitherausgeber der Zeitschrift „Unterricht – Arbeit und Technik“.

ESCH-ALSEN, VOLKER; seit 1995 stellvertretender Schulleiter der Städtischen Gesamtschule Soest, war als Gründungsmitglied des Fördervereins Reformschule Soest e.V. maßgeblich an der Konzeptentwicklung und Errichtung der Städtischen Gesamtschule Soest beteiligt. Erfahrungen in der Lehrerfortbildung (Universität Bochum, Landesinstitut für Schule und Weiterbildung Soest).

GÖTTE, ZITA; Koordinierungsteam der Regionale 2006, Stadtentwicklung der Stadt Solingen.

HERRMANN, PETER / LILIENTHAL, SABINE; Schule Richard-Linde-Weg; ››› anSchuB zum Erfolg; Richard-Linde-Weg 49, Hamburg.

LEXIS, ULRIKE; Volkswirtin, seit 1996 in der Bertelsmann-Stiftung als Projektleiterin im Bereich Wirtschafts- und Sozialpolitik, vorher ein Jahr als Referentin für Grundsatzfragen im Wirtschaftsministerium Schleswig-Holstein.

MESCHENMOSER, HELMUT; Dr., Dipl. Päd.; tätig am Landesinstitut für Schule und Medien sowie als Moderator in der Senatsverwaltung für Schule, Jugend und Sport mit dem Schwerpunkt Schulqualitätsentwicklung, Mitherausgeber der Zeitschrift „Unterricht – Arbeit und Technik".

MITTER, WOLFGANG; Prof. Dr. em., früherer Direktor des Deutschen Instituts für Internationale Pädagogische Forschung, langjähriger Präsident des WCCS, gilt als einer der besten Kenner der internationalen Bildungsforschung und Bildungspolitik mit einer Fülle entsprechender Veröffentlichtungen.

RIXIUS, NORBERT (Diplom-Pädagoge); wissenschaftlicher Referent im Landesinstitut für Schule und Weiterbildung des Landes Nordrhein-Westfalen, koordiniert dort das Landesprogramm „Gestaltung des Schullebens und Öffnung von Schule"; Publikationen vor allem zum Thema Gewalt und der Kooperation von Jugendhilfe und Schule.

VAN DE VEN, BOB; Vorsitzender der Niederländischen Gesellschaft für Bildungsverwaltung. Schulleiter und Vorsitzender eines Überschulischen Managementteams in Utrecht; Schwerpunkte: Schulmanagement; Schulentwicklung; Personalpolitik in der Schule; Qualitätssicherung; Lehrerbildung; Schulorganisation; Schule und Politik; Internationalisierung in der Schule.

WEIß, MANFRED, Prof. Dr. rer. oec.; wissenschaftlicher Mitarbeiter am Deutschen Institut für Internationale Pädagogische Forschung, Frankfurt/M. und Honorarprofessor für Bildungsökonomie und Bildungsforschung an der Universität Erfurt. Arbeitsschwerpunkt: Ökonomie des Bildungswesens. Zahlreiche Veröffentlichungen zu bildungsökonomischen Themen und zur internationalen Schulentwicklung.

Inhaltsverzeichnisse der weiteren Bände

Band I: Neue Schulkultur

Band III: Schulen in staatlicher und freier Trägerschaft

Band IV: Schulen mit besonderem Profil

Band V: Flexibilisierung von Bildungsgängen

Band VI: Schule und Qualität

Basiswissen Pädagogik

Teilbereich: **Aktuelle Schulkonzepte**

Hrsg. von **Hans Döbert** und Christian Ernst.

Im Rahmen einer Buchreihe „**Basiswissen Pädagogik**" wollen die sechs Bände zu „Aktuellen Schulkonzepten" neuere Erkenntnisse und Entwicklungen in Erziehungswissenschaft und Pädagogik zur Schule in ihrem pädagogischen Anspruch und in ihrer Bedeutung für die Schulpraxis entfalten. Jeder Band für sich sowie die sechs Bände insgesamt sollen Überblick, Querschnitt und Vertiefung in leicht zugänglicher, handlicher und verständlicher Form in einem bieten. Die Beiträge in den sechs Bänden wurden um die folgenden Themenbereiche versammelt: Neue Schulkultur, Finanzierung und Öffnung von Schule, Schulen in staatlicher und freier Trägerschaft, Schulen mit besonderem pädagogischen Profil, Flexibilisierung von Bildungsgängen sowie Schule und Qualität.

Band 1: **Neue Schulkultur**

2001. VI, 207 Seiten. Kt. ISBN 3896764622. FPr. DM 24,—

Der vorliegende Band „**Neue Schulkultur**" beleuchtet die Thematik aus der Perspektive von zehn Beiträgen, in denen jeweils auch internationale Trends Berücksichtigung fanden. Aus Praxis, Verwaltung und Wissenschaft konnten für den Band folgende Autoren gewonnen werden: Horst Wollenweber, Gerhard de Haan, Dorothee Harenberg, Hans Döbert, Joachim Thoma, Pit Spieß, Christian Ernst, Gerhard Hüfner, Klaus Wenzel, Hans Peter Füssel, Christoph Burkard und Botho von Kopp.

Band 2: **Finanzierung und Öffnung von Schule**

2001. VII, 205 Seiten. Kt. ISBN 3896764632. FPr. DM 24,—

Der vorliegende Band „**Finanzierung und Öffnung von Schule**" beleuchtet die Thematik aus der Perspektive von elf Beiträgen, in denen jeweils auch internationale Trends Berücksichtigung fanden. Aus Praxis, Verwaltung und Wissenschaft konnten für den Band folgende Autoren gewonnen werden: Manfred Weiß, Jens-Uwe Böttcher, Ulrike Lexis, Gerhard H. Duismann, Helmut Meschenmoser, Norbert Rixius, Zita Götte, Annette Czerwanski, Volker Esch-Alsen, Peter Herrmann, Sabine Lilienthal, Bob van de Ven und Wolfgang Mitter.

Band 3: **Schulen in staatlicher und freier Trägerschaft**

2001. VI, 219 Seiten. Kt. ISBN 3896764640. FPr. DM 24,—

Der Band beleuchtet die Thematik aus der Perspektive von zehn Beiträgen, in denen jeweils auch internationale Trends Berücksichtigung fanden. Aus Praxis, Verwaltung und Wissenschaft konnten für den Band folgende Autoren gewonnen werden: Horst Weishaupt, Lutz R. Reuter, Gerhard Heck, Dietmar J. Bronder, Horst Wollenweber, Hans-Werner Fuchs, Matthias Heinrichs, Detlef Hardorp, Maria Canisia Engl und Bob van de Ven.

Band 4: **Schulen mit besonderem Profil**

2001. VI, 204 Seiten. Kt. ISBN 3896764659. FPr. DM 24,—

Der Band beleuchtet die Thematik aus der Perspektive von neun Beiträgen, in denen jeweils auch internationale Trends Berücksichtigung fanden. Aus Praxis, Verwaltung und Wissenschaft konnten für den Band folgende Autoren gewonnen werden: Wolff Fleischer-Bickmann, Agnes Raucamp, Sergio Ziroli, Johannes Mackensen, Hans-Jürgen Lambrich, Wilfried Steinberg, Bernhard Thomas Streitwieser, Eva-Maria Hartmann, Helge Sandner und Gisela Führing.

Band 5: **Flexibilisierung von Bildungsgängen**

2001. VI, 202 Seiten. Kt. ISBN 3896764667. FPr. DM 24,—

Der Band beleuchtet die Thematik aus der Perspektive von acht Beiträgen, in denen jeweils auch internationale Trends Berücksichtigung fanden. Aus Praxis, Verwaltung und Wissenschaft konnten für den Band folgende Autoren gewonnen werden: Bernd Frommelt, Hans Döbert, Diemut Kucharz, Katrin Liebers, Elvira Waldmann, Karlheinz Burk, Margitta Kuty und Rosemarie Beck.

Band 6: **Schule und Qualität**

2001. VI, 219 Seiten. Kt. ISBN 3896764675. FPr. DM 24,—

Der Band beleuchtet die Thematik aus der Perspektive von acht Beiträgen, in denen jeweils auch internationale Trends Berücksichtigung fanden. Aus Praxis, Verwaltung und Wissenschaft konnten für den Band folgende Autoren gewonnen werden: Matthias von Saldern, Hermann Pfeiffer, Jürgen Markstahler, Guido Steffens, Pit Spieß, Michael Becker, Ferdinand Eder, Josef Thonhauser, Edwin Radnitzky, Petra Stanat und Cordula Artelt.

Alle 6 Bände zusammen zum Sonderpreis von DM 98,—; ISBN 3896764683.

Schneider Verlag Hohengehren
Wilhelmstr. 13; D-73666 Baltmannsweiler